살아있는 신화, 갓바위 부처님

살아있는 신화, 갓바위 부처님

개정판 1쇄 인쇄 | 2014년 8월 20일
개정판 1쇄 발행 | 2014년 8월 26일

지은이 | 정재서
교   정 | 한복전
디자인 | 배경태
펴낸이 | 배규호
펴낸곳 | 선본사·책미래

출판등록 | 제2010-000289호
주   소 | 서울시 마포구 공덕동 463 현대하이엘 1728호
전   화 | 02-3471-8080
팩   스 | 02-6353-2383
이메일 | liveblue@hanmail.net

ISBN 979-11-85134-14-7 03920

이 도서의 국립중앙도서관 출판시도서목록(CIP)은 서지정보유통지원시스템 홈페이지
(http://seoji.nl.go.kr)와 국가자료공동목록시스템(http://www.nl.go.kr/kolisnet)에서
이용하실 수 있습니다(CIP제어번호:2014023697).

살아있는 신화, 갓바위 부처님

- 꼭 들어주신 한 가지 소원 이야기

정재서 지음

선본사

들어가는 말

살아있는 신화-갓바위 부처님

신화는 힘이 있습니다. 요즘에도 제사를 지낼 때 제사상에는 복숭아를 올리지 않지요. 이것은 옛날에 복숭아나무 몽둥이에 맞아죽고 귀신의 우두머리가 된 예(羿)라는 영웅이 복숭아를 무서워하였다는 신화에서 유래한 풍속입니다. 이유를 모르면서도 우리는 수천 년이 지난 지금까지 이 풍속을 지킵니다. 신화는 정말 힘이 있습니다.

갓바위 부처님은 신화입니다. 현대에도 살아있는 신화입니다. "한 가지 소원은 꼭 들어주신다."는 이 부처님의 신화는 어리석고 나약한 중생들에게 희망을 주고 참된 진리의 세계로 인도하는 강력한 힘을 지니고 있습니다.

갓바위 부처님이 세간의 관심을 끈 이래 각 방면에서 부처님에 대한 진지한 접근이 이루어져 왔습니다. 불교학, 고고학, 미술사학 등의 분야에서 이미 훌륭한 업적들이 많이 나왔고 이 책도 갓바위 부처님에 대한 객관적인 지식에 관한 한 과거의 업적들로부터 많은 빚을 지고 있습니다.

다만 이 책은 다음의 두 가지 측면에서 앞서의 노작들과는 다른 관점을 취했습니다. 첫째, 이 책에서는 갓바위 부처님을 '이야기'의 측면에서 접근하고자 했습니다. 관봉의 부처님 앞에 모여든 대중들은 대부분 심각한 이치보다 "한 가지 소원은 꼭 들어주신다."는 신화에 매혹되어 온 것입니다. 따라서 이 분의 신화적 힘을 이해하려면 이야기를 통해 다가가는 것이 유효하다고 생각했습니다. 특히 갓바위 부처님의 영험과 이적을 다룬 부분, 곧 〈꼭 들어주신 한 가지 소원 이야기〉는 과거 어느 책에도 없는 이 책의 고유한 내용입니다. 대중들은 생생하고 풍부한 이야기를 통해 갓바위 부처님을 더욱 친근하게 느낄 수 있을 것입니다.

둘째, 이 책은 스님도 아니고, 이 방면의 전문학자도 아닌 평범한 속인의 입장에서 씌어졌습니다. 물론 스님이나 전문학자라면 갓바위 부처님에 대해 이 책의 저자보다 훨씬 깊이 있는 견식을 보여줄 수 있을 것입니다. 그러나 아무런 선입관 없이 속인의 입장에서 갓바위 부처님이라는 종교적 현상을 바라보았을 때 느낀 감정은 오히려 대중들과 공감하고 소통할 점이 많을 수도 있을 것입니다.

이 많지 않은 분량의 책을 쓰면서 두꺼운 학술서를 쓸 때보다 더 힘들고 심리적 부담이 컸음을 고백해야 하겠습니다. 살아있는 신화인 갓바위 부처님에 대한 글을 일개 속인이 쓴다는 것은 외람된 일일 뿐만 아니라 그 신화를 믿는 수많은 대중과도 불가분의 관계를 맺는 일이니 만큼 두렵고 긴장되지 않을 수 없었습니다.

어려운 집필 과정에서 숱한 조언을 해주신 웃절 유리광전 불국토 보살님께 특별한 감사를 드립니다. 아울러 부족한 저를 필자로 추천

해 주신 한서대 도학회 고수님의 호의를 잊을 길 없고, 적극적으로 인터뷰에 응해 주신 식충현 처사님을 비롯한 여러 보살님, 처사님들께도 감사의 뜻을 표합니다. 자료수집에 열과 성을 다해 주었던 박사과정 최민경 선생, 마지막 원고 정리를 담당했던 강현지 조교, 어 모든 과정을 아름다운 책으로 마무리해 주신 책미래 출판사 배경터 실장님께도 고마운 마음을 전하고자 합니다.

끝으로, 진정한 힐링(Healing)을 간절히 필요로 하는 중생들에게 이 책이 갓바위 부처님의 무량한 자비를 항하(恒河)의 모래 한 알 만큼이라도 깨닫게 하는 계기가 되길 바라면서 두서없는 글을 마칩니다.

2014년 8월 10일

저자 삼가 슴

차 례

1. 갓바위 부처님은 어떠한 분이신가요?

영남의 명산이자 대구광역시의 진산인 팔공산(八公山)의 동쪽 끝 관봉(冠峯) 정상. 여기에 군림하시어 삼라만상이 펼쳐진 하계를 굽어보시는 자비로운 부처님이 계십니다. 이 분은 바로 정성을 다해 기도하면 한 가지 소원은 꼭 들어주신다는 이른바 갓바위 부처님이십니다. 그리하여 갓바위 부처님이 계신 이곳 관봉은 사시사철 대한민국 전국 각지에서 소원을 빌러 오는 참배객들로 인산인해를 이루고 있습니다. 의심할 여지없이 이곳은 대한민국 최고의 기도처요, 불교 성지라 할 수 있습니다.

우리 민족은 오랜 옛날부터 하늘을 숭배해 왔습니다. 중국의 유명한 신화집인 《산해경(山海經)》이라는 책을 보면 다음과 같은 내용이 보입니다.

조선이라고 하는 나라가 있다. 하늘이 그 나라 사람들을 길렀고 물가에 살며 남을 아끼고 사랑한다.(1)

《산해경》의 고조선 기록

　여기서의 조선은 고조선을 말합니다. "하늘이 그 나라 사람들을 길렀다."라는 말은 고조선 사람들이 하늘의 신을 섬기는 종교적 마음을 지니고 있었다는 뜻으로 읽힙니다. 고조선 이후에도 고구려에는 동맹(東盟), 부여에는 영고(迎鼓), 동예에는 무천(舞天)이라고 불리는 하늘에 지내는 제사들이 있었다고 전해 옵니다. 이러한 우리 민족의 심성은 삼국시대에 불교가 들어온 이후 부처님을 지성으로 모시고 경배하는 마음으로 바뀝니다. 오늘날 갓바위 부처님에 대한 우리 국민들의 뜨거운 신앙의 이면에는 이

토록 깊은 연원이 있습니다.

이제 갓바위 부처님이 어떠한 분이신지 알아보고자 합니다. 소원을 빌기 전에 우리가 기도를 바치는 부처님이 어떠한 분이신지 알아야 하는 것은 너무나도 당연한 일입니다. 먼저 갓바위 부처님이 좌정하고 계신 이곳이 어떤 땅이고 언제 어떻게 세워지셔서 오늘에 이르렀는지를 이야기합니다. 다음으로 약사여래 부처님으로 신앙되고 계시는 그 분이 특별히 중생들을 위하여 어떤 일을 하시는 부처님이신지에 대해 이야기합니다. 그리고 갓바위 부처님의 석조 형상이 지닌 문화재로서의 가치에 대해 이야기하게 될 것입니다.

1) 거룩한 땅에 세워지신 부처님

갓바위 부처님의 유래를 알기 위해서는 먼저 그 분이 좌정하신 곳이 어떤 땅인지 알아야 합니다. 갓바위 부처님이 계신 곳의 정확한 주소는 경상북도 경산시 와촌면 대한리 산 35번지이고, 지리적으로 그곳은 팔공산의 한 봉우리입니다. 해발 1,192미터에 달하는 팔공산에는 인봉, 느적봉, 관봉 등 여러 유명한 봉우리가 있는데 갓바위 부처님은 이 중 팔공산의 동쪽 끝 해발 853미터의 관봉 정상에 계십니다. 우리는 관봉(冠峯), 즉 '갓 봉우리' 나아가

‘갓바위’라는 이름 자체가 갓을 쓰고 계신 듯한 그 분의 모습에서 유래한 것임을 쉽게 알 수 있습니다.

그런데 우리는 여기에서 한 가지 생각을 해볼 수 있습니다. 왜 갓바위 부처님이 사람들이 뵈러 가기 쉬운 낮고 평평한 땅에 계시지 않고 험준한 산꼭대기에 세워지셨는가 하고요. 앞에서 우리 민족은 예로부터 하늘과 천신을 숭배해 왔다고 이야기하였습니다. 하늘을 숭배하는 우리 민족에게 높은 산은 하늘과 가까운 곳이고, 그래서 하늘과 통하는 통로이며 신성한 장소로 여겨졌습니다. 이 때문에 우리 민족은 산을 숭배하였고 이러한 산에는 거룩

강화도 마니산 참성단

한 신이 살고 있다고 생각하였습니다. 특히 산의 정상은 신과 교감하는 거룩한 장소로서 제단이 설치되어 있었습니다. 지리산의 노고단, 태백산의 천제단, 강화도 마니산의 참성단 등은 지금까지 남아 있는 우리 민족 산악숭배의 뚜렷한 흔적입니다.

　신라인들은 일찍부터 산을 숭배하였습니다. 삼국시대의 신라에서는 내림(奈林), 혈찰(穴札), 골화(骨火)의 '삼산(三山)'을 숭배하였다고 하며 통일신라 이후에는 '오악(五岳)'이라고 하여 전국에서 가장 중요한 다섯 개의 산을 지정하여 숭배하였습니다. 이 다섯 개의 산은 방위에 따라 동쪽의 토함산, 서쪽의 계룡산, 남쪽

신라의 영산 팔공산

의 지리산, 북쪽의 태백산 그리고 중앙의 부악(父岳) 등인데 바로 이 부악이 지금의 팔공산이었습니다. 신라인들은 오악에 나라를 지키는 호국신들이 거하고 있다고 생각하여 국가적으로 큰 제사를 드렸는데, 팔공산은 그중에서도 가장 신성하고 거룩한 산으로 숭배되었음을 알 수 있습니다.

불교가 이 땅에 들어오면서 산신을 모시던 토속신앙의 근거지인 팔공산은 부처님을 모시는 불교의 성지로 변모합니다. 원래 신성한 장소는 시대가 바뀌고 종교가 바뀌어도 그대로 유지되기 마련입니다. 그래서 하늘을 숭배하고 산을 숭배하던 민족의 심성이 어려 있는 팔공산의 관봉 정상에 우리의 갓바위 부처님이 모셔진 것입니다.(2)

이제 우리는 왜 드높은 팔공산 봉우리에 갓바위 부처님이 모셔졌는지 그 이유를 알게 되었습니다. 다음으로 그 분이 언제 어떻게 세워지셔서 수많은 세월을 거쳐 오늘에 이르렀는지 그 역사를 알아볼 차례입니다. 갓바위 부처님이 최초에 어떻게 세워지셨는가에 대해서는 몇 가지 전설이 전해 옵니다. 먼저 〈선본사사적기(禪本寺事蹟記)〉라든가 〈선본암중수기문(禪本庵重修記文)〉이라는 문헌 자료에 신라 선덕여왕 7년(638) 고승 원광법사(圓光法師)의 제자인 의현(義玄) 스님이라는 분이 돌아가신 어머니의 명복을 빌기 위해 갓바위 부처님을 조성하였다고 하는 이야기가 실려 있습니다.

선본사 웃절 대웅전 벽화에서 이 이야기를 잘 표현하고 있는데 그 내용은 다음과 같습니다. 팔공산 아래 마을에 사는 의현은 어머니의 병 간호를 위해 사랑하던 여인과의 혼인을 포기하였습니다. 지극정성으로 어머니를 간호하던 중 꿈에 관세음보살님이 나타나 500년 된 약초를 캐다 먹이면 병이 나

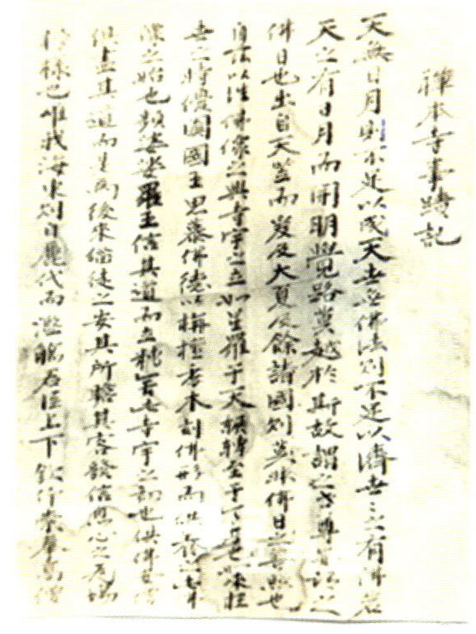

〈선본사사적기〉

을 것이라고 말씀하셨습니다. 의현은 갖은 어려움 끝에 약초를 구해 왔지만 그 사이에 어머니는 돌아가셨습니다. 그때 슬픔에 잠긴 의현을 찾아온 원광법사가 그를 황룡사에 데리고 가 불법을 가르쳤습니다. 출가수행자의 길을 걷던 어느 날 그는 어머니가 묻힌 팔공산 관봉에 와서 어머니의 넋을 위로하기 위해 부처님을 조성하기 시작하였습니다. 그러던 중 추위에 떨면 큰 학이 날아와 의현을 덮어 주고 상처를 입으면 약초를 물고 와 치료해 주기도 하였습니다. 부처님이 완성되어 갈 무렵 스승인 원광법사가 입적하셨습니다. 의현이 스승의 다비식을 마치고 점안의식을 하기 위해 다시 팔공산으로 왔더니 이미 부처님은 완성되어 있고

웃절 대웅전 벽화의 한 장면

갓을 쓰고 계셨다고 합니다.

 다음으로 갓바위 인근 여러 절 스님들의 구전에 의하면 갓바위 부처님은 통일신라 효공왕(897~912) 시기에 세워졌다고 합니다. 임금님의 어머니, 즉 대비께서 병들어 백약이 무효하였는데 꿈에 부처님이 나타나 말씀하시기를 "그대의 효성이 지극하니 목탁 소리를 따라 가면 영약을 구할 수 있으리라."라고 하였답니다. 신하들로 하여금 목탁 소리 나는 곳을 찾게 하였더니 그 소리가 멎은 곳은 천길만길 바위 앞이었습니다. 그 앞에 맑은 샘이 솟아 흘러 그 물을 담아다 대비께 드리자 완쾌하였답니다. 임금님은 기뻐하시고 그 은공에 보답하기 위해 약수터에 약사여래 불상을 세웠는데 그 분이 곧 갓바위 부처님이시라는 이야기입니다.

　이러한 전설들은 근거 자료가 확실하지는 않지만 갓바위 부처님이 부모님의 명복이나 국운을 빌기 위해, 혹은 병 치료 등 소원성취와 관련하여 신라 시대에 이루어졌다는 사실을 알려줍니다. 그러나 갓바위 부처님에 대한 언급은 앞의 전설들 이외에 문학, 역사, 철학 등에 관한 다른 문헌에 보이지 않습니다. 아마도 이것은 갓바위 부처님이 험준한 팔공산 산속, 그것도 오르기 힘든 정상에 좌정하시어 대중들이 접근하기 어려웠기 때문이 아닌가 합니다.

　갓바위 부처님의 존재가 문헌상에 나타나기 시작한 것은 천여년이나 지난 19세기에 이르러서입니다. 순조 21년(1821)에 작성된 〈선본사사적기〉에 의현 스님이 석상(石像)을 조성하였다는 언급이 처음으로 보입니다. 그리고 고종 9년(1872)에 작성된 하양현(河陽縣) 지도를 보면 '관암(冠巖)' 곧 갓바위라는 지명이 나오고 그 지점에 부처님의 모습이 그려져 있습니다. 그 후 1934년에 편찬된 하양현 읍지(邑誌)인 《화성지(花城誌)》에 갓바위 부처님에 대한 간략한 설명이 보입니다. 그것은 다음과 같습니다.

　갓바위 돌부처는 현의 북쪽 30리, 팔공산에서 뻗어 온 일출봉 정상에 있다. 신라 선덕여왕 때 세운 것으로 돌 갓을 쓰고 있으며 사람처럼 서 있다. 높이는 10장이고 몸체는 수십 아름

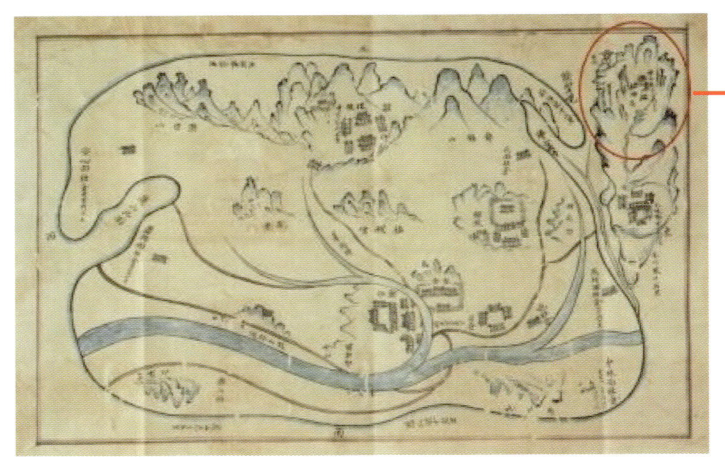

하양현 고지도에서의 갓바위 부처님

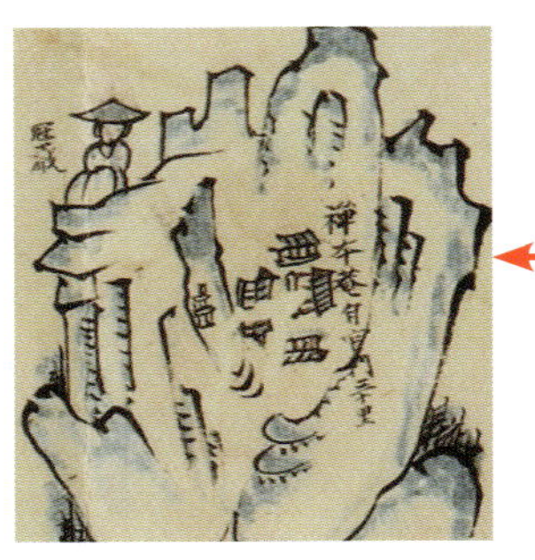

된다. 세칭 갓바위 미륵불이라고 하는데 지금도 비를 기원하고

복을 빌면 바로 효험이 있다.(3)

이러한 기록을 통해 우리는 갓바위 부처님이 조선시대에는 갓

바위 미륵불로 불렸으며 여전히 소원을 잘 들어주시는 부처님으

로 숭배되었음을 알 수 있습니다. 그러나 다른 문헌에 보이지 않

1962년 10월 2일자 〈동아일보〉의 갓바위 부처님 기사

는 것으로 보아 갓바위 부처님을 알고 있는 사람들은 당시 팔공

산 인근 주민들에 국한되어 있었던 것은 아닌가 생각해 볼 수 있

습니다. 갓바위 부처님이 전국적으로 널리 알려지게 된 것은

1960년대에 신라오악학술조사단 등에 의해 학술적 조사가 진행

되고 언론에 보도가 나간 이후부터입니다.

1962년 10월 2일자 〈동아일보〉에서는 갓바위 부처님의 위치,

 팔공산 관봉은 그 후 오늘에 이르기까지 중생을 병고와 재액에서 건져 주신다는 약사여래 신앙의 성지로서, 또한 전국 각처에서 소원을 빌러 오는 기도객이 운집하는 대한민국 최고의 기도처로서 부동의 자리를 지키고 있습니다.

《산중일기(山中日記)》, 갓바위 부처님에 관한 최초의 기록일 가능성

현재까지 알려진 바로 갓바위 부처님에 관한 문헌 기록은 19세기에 이르러서야 비로소 출현하는 것으로 인식되어 있습니다. 그런데 조선 시대의 문인들이 명산을 답사한 기록인 유산기(遊山記)에 갓바위 부처님을 목격한 듯한 기록이 있어 주목을 요합니다. 조선 후기의 유학자 우담(愚潭) 정시한(丁時翰, 1625~1707)은 숙종 12년(1686) 3월부터 14년(1688) 9월까지 각 도의 명산과 사찰을 돌아보고 《산중일기(山中日記)》라고 하는 답사 기록을 남겼는데, 이 책 중에 팔

공산 일대를 등산한 내용이 있고 그중 한 부분이 우리의 눈
길을 끕니다.

6월 초 1일 임인(壬寅), 간혹 흐리고 간혹 갬.

보기(普機)가 아침밥을 갖추어 주었다. 자원(紫遠)이 은해
사(銀海寺)로부터 왔으므로, 즉시 두 종으로 하여금 짐을 지
게 하고는 걸어서 상용암(上聳庵)으로 올라갔다. 진언(振言),
혜원(惠遠), 천우(天祐) 등 여러 승려들이 운부사(雲浮寺) 문
밖의 산 아래에서 전승해 주었고, 초선(草善), 보기, 대영(大
英)은 멀리 산허리에서 전송해 주었다. 벽원(碧元)이 따라와
길을 가르쳐 주었다. 나무 그늘 사이로 갔는데, 험한 산비탈
을 5리쯤 가서 암자에 이르렀다. 아래를 굽어보니 미륵전의
채색한 누각이 높은 봉우리의 암석 사이에서 은은하게 비치
고 있었는데 신기루 같았다. 상용암 앞의 누각에 들어가 앉
아 있자니 종장 향학(向學)이 맞이한다. 한참을 쉬었더니 흐
르는 땀이 조금 말랐다. 벽원과 암자의 스님 몇 명과 함께
미륵전에 올랐다. 북쪽 벽으로 벼랑을 타고 나가, 또 바위틈
사이로 갔다. 그 가장 높은 곳에 2층 누각이 있었다. 올라가
층루에 앉아보니, 커다란 바위에다가 돌 불상을 새겨 놓았

는데, 자못 기이하고 교묘하였다. 암자가 그 곁에 있었으나, 텅 비어 있었다. 바위틈을 따라서 동석대(動石坮)로 올라갔다. 그곳은 곧 기우제를 지내는 곳이다. 동석대 위에서 굽어보니, 수백 리의 들판과 신녕(新寧), 영천(永川) 등의 고을이 무릎 아래에 있는 듯 하였다. 산들이 모두 낮게 늘어서 있어 마치 밭두둑과 논두렁 같았고, 옥산(玉山), 경주부, 불국사의 여러 산들이 눈 아래 늘어서 있다. 비가 개어 하늘이 맑았으므로 아득하여 아스라한 곳까지 시선을 다하였다. 산 밖에는 바다와 하늘이 서로 맞닿아 있고 의흥(義興)과 의성(義城) 등지도 눈앞에 있다. 남쪽으로 동래와 울산을 바라보니 좌우로 300여 리가 모두 시야에 들어왔다. 진실로 반평생에 처음 보는 기이한 풍경이었다.

(六月, 初一日, 壬寅, 或陰晴. 普機備饋朝食. 紫遠自銀海寺來, 卽使二奴負卜, 步上上聳庵. 柂言惠遠天祐諸人, 送於門外山下, 草善普機大英, 遠送於山腰, 碧元隨來指路. 行樹陰間, 峻板五里許, 至庵. 下望, 彌勒殿綵閣, 陰暎於高峰巖石間, 有若蜃樓. 入坐上聳庵前樓, 宗匠向學相迎. 休息良久, 流汗稍乾. 與碧元及庵僧數人, 上彌勒殿. 緣崖北壁, 又行巖隙間. 最高處有二層樓, 上坐層樓, 則因大巖刻石佛像, 頗奇巧. 有庵在傍而空. 又緣巖隙上動石, 祈雨祭所. 石坮上

俯見, 數百里原野, 新寧永川等郡縣, 如在膝下, 諸山類皆底展, 如町畦畓堤, 玉山慶府佛國諸山, 羅列眼底. 雨後天晴, 極目微茫, 山外海天相接, 義興義城等地, 亦在目前, 南望東萊蔚山, 左右數三百餘里, 皆入望中, 眞半生奇觀也.)[번역은 심경호, 《산문기행》(서울: 이가서, 2007), pp. 657~659 참조. 밑줄은 저자 표시.]

이 기록은 몇 가지 내용을 통해 정시한이 본 석불이 갓바위 부처님일 것이라는 사실을 우리에게 알려줍니다. 첫째, 정시한은 은해사 방면으로부터 팔공산 줄기를 타고 석불에 이르렀는데 이것은 경산 방면으로부터 갓바위 부처님께 이르는 자연스러운 경로입니다. 둘째, 석불 근처에 기우제 터가 있었다고 했는데 몇십 년 전까지도 갓바위에서 기우제를 지냈다는 증언이 있습니다. 셋째, 미륵전 가까이에 석불이 있다고 하였는데 갓바위 부처님은 과거에 미륵불로 모셔진 적이 있습니다. 넷째, 정시한의 조망 시야가 경주와 울산 등 동남방으로 미치는 것이 현재 갓바위 부처님의 좌향과 정확히 일치합니다. 이러한 내용들을 보면 정시한이 본 석불이 갓바위 부처님일 가능성이 높습니다. 다만 석불 근처에 전각이 있었다든가, 은해사 산내(山內) 암자들로부터의 거리 관계 등 석연치 않은 점들이 있긴 합니다. 혹시 기록에 일부 착오가 있었거나 당시 인근 주민들에 의해 영험 있는 미륵불로 숭배되어 전각이 세워졌을 가능성도 배제할 수는 없습니다. 조금 더 치밀하게 검토를 해봐야 할 필요가 있으나 만일 이 기록의 신빙성이 입증된다면 정시한의 《산중일기》가 갓바위 부처님을 언급한 가장 이른 문헌 기록이 될 것입니다.

2) 토속신앙에서 약사신앙으로

우리는 앞에서 우리 민족이 하늘을 숭배하고 높은 산을 신성하게 생각하는 마음을 지녔다고 이야기하였습니다. 갓바위 부처님이 좌정하신 팔공산 관봉 정상은 그러한 신성한 장소였습니다. 그런데 관봉 일대와 부처님은 바위로 이루어져 있어 또 다른 특별한 의미를 지닙니다. 원시 인류는 대지에서 식물이 자라고 그것을 먹고 동물이 활동하는 것을 보고 흙은 생명의 기운을 품고 있다고 생각하였습니다. 그래서 동서양의 신화를 보면 처음 신이 인간을 창조할 때 흙으로 빚어 만듭니다. 그리고 생육과 번성을 맡은 신은 대지의 어머니 같은 신이라고 하여 대지모신(大地母神) 또는 지모신이라고 불렀습니다. 중국의 대지모신 여와(女媧)

대지모신 여와

는 흙으로 사람을 만들고 하늘에 구멍이 뚫어졌을 때 돌을 다듬어 기웠다고 합니다.(4)

이처럼 생명의 기운을 듬뿍 품고 있는 흙의 결정체가 바로 돌입니다. 즉 돌은 기운의 덩어리이고 그리하여 사람들은 돌을 숭배하게 되었습니다. 바위를 향해 자식 낳기를 빈다든가 산길 주위에 돌탑을 쌓아 놓고 소원을 비는 풍속 등은 바로 이러한 돌의 생명력에 대한 숭배에서 생겨난 것입니다.

 관봉 바위에는 이 엄청난 기운을 숭배했던 옛 사람들의 흔적이 있습니다. 바위에는 여러 군데 구멍을 뚫어 놓은 곳이 있는데 이것을 성혈(性穴)이라고 합니다.(5) 옛 사람들은 바위를 생명의 기운이 샘솟는 곳으로 생각하고 그곳에 생명이 탄생하는 여성성기 형태의 구멍을 뚫어 풍요와 다산을 기원했던 것입니다. 신성하고 기운이 넘치는 이곳은 나중에 풍수설이 들어오면서 풍수지리상의 대길지(大吉地)로도 여겨지게 됩니다.

이렇게 좋은 땅이 훌륭한 기도처가 되지 않을 수 없습니다. 사람들은 이곳에서 산신께 제사를 드리기도 하고 가뭄이 들면 기우제를 지내기도 하고 자식 낳기를 빌기도 하는 등 온갖 소원을 빌었을 것입니다. 실제로 1960년대까지도 비가 오지 않으면 마을 사람들이 관봉으로 올라가 기우제를 지냈다고 합니다.

갓바위 부처님 주위의 기암괴석

없이 우리의 간절한 소원을 들어주시는 영험 많은 부처님으로 경배의 대상이 되었습니다. 갓바위 부처님은 시대마다 당시 대중들의 간절한 소망에 부응하여 명호(名號)가 달라지기도 하였습니다. 암울하고 혼란했던 시절, 갓바위 부처님은 미래의 이상세계를 염원하는 시대적 요청에 의해 미륵불로 숭배된 적이 있습니다. 일제 시대에 편찬된 하양현 읍지에 '갓바위 미륵불(冠巖彌勒)'이라고 적혀 있는 것이 그 증거입니다. 오늘날 갓바위 부처님은 모든 질병과 재액을 물리쳐 주신다는 약사여래 부처님으로 숭배되고 있습니다. 나라를 되찾고 새로운 세상이 오기는 했으나 전쟁과 분단 상황에서 정신적, 육체적 질병과 심각한 정치, 경제, 사회 문제로 치유가 절실히 필요한 이때 우리는 갓바위 부처님을 약사여래 부처님으로 모시게 된 것입니다.

그런데 갓바위 부처님이 약사여래 부처님으로 숭배된 것은 단순히 시대적 요청만은 아닙니다. 여기에는 우리나라의 약사여래 신앙과 관련된 보다 깊은 역사적 연원이 있습니다. 우리는 먼저 불교에서의 약사여래 부처님에 대해 알아본 후 갓바위 부처님을 계시게 한 우리나라의 약사여래 신앙에 대해 살펴보고자 합니다.

약사여래 부처님의 가르침을 담고 있는《약사경(藥師經)》을 보면 문수사리 동자가 세존께 다른 명호를 지닌 부처님에 대한 법문을 듣기를 청하자 약사여래 부처님의 발원과 공덕에 대해 말씀해 주십니다. 약사여래 부처님은 동방의 정유리(淨琉璃)라는 깨끗한 세계에 계신 부처님인데 본래 명호는 '약사유리광여래(藥師琉璃光如來)'라고 합니다. 이 분은 일광보살과 월광보살의 보좌를 받으며 12신장(神將)을 권속으로 삼아 일체 중생을 제도하고 계십니다. 12신장은 본래 12명의 야차(夜叉) 대장이었는데 회심하여 약사여래 부처님을 호위하고 그 뜻을 받드는 권속이 되었다고 합니다.

약사여래 부처님은 보살도를 닦으실 때 중생들이 구하고자 하는 것을 모두 얻도록 12가지의 큰 발원을 하셨다고 합니다. 12가

팔공산 신무동 약사여래불 입상

지의 큰 발원, 곧 12대원(大願)은 중생들을 가난, 질병, 불구, 재난 등에서 건지는 일, 삿된 길에 빠지지 않도록 하는 일, 깨달음의 바른 길에 들어서서 성불하도록 하는 일 등을 내용으로 삼고 있습니다. 이 중에서 가장 핵심을 이루고 있는 제6대원과 제7대원을 들어보면 다음과 같습니다.(6)

제6대원:

원하옵나니 제가 내세에 보리를 증득할 때, 중생들 자신의 몸이 열등하여 모든 감각기관을 제대로 갖추지 못하여 못생겨 추하고, 어리석고, 눈멀고, 귀먹고, 벙어리, 앉은뱅이, 등이 굽고, 백치,

미치광이 등등 가지가지의 병고가 있는 모든 중생들이, 저의 이름을 들으면 모두 단정함을 얻을 것이며, 모든 병고가 없어지고 완전한 몸을 갖추어지이다.

제7대원:

원하옵나니 제가 내세에 보리를 증득할 때, 만약에 모든 중생들이 많은 병으로 핍박을 받고, 구원도 받지 못하고, 의지할 곳도 없고, 의사도 없고, 약도 없고, 가족도 없고, 집도 없고 빈궁하고, 많은 병고를 당한다면, 저의 명호로 그것을 치료하고 여러 가지 병들을 모두 제거할 것이며 몸과 마음이 안락하고, 가족들과 재산이 갖추어 있고, 실로 모두 풍족하며, 또한 무상보리를 증득하여지이다.

이러한 대원에 의하여 우리 중생들이 약사여래 부처님의 명호를 부르고 지극한 마음으로 빌면 질병과 재액을 물리치고 복을 구하며 깨달음의 길로 나아갈 수 있다고 세존께서는 말씀하셨던 것입니다.《약사경》에는 이 외에도 약사여래 부처님께 의지하면 부자가 될 수 있고, 벼슬을 할 수 있으며, 비명횡사를 당하지 않고, 악귀에 들리지 않고, 편안하게 저승길로 갈 수 있으며, 외침과 반란 등 나라의 어려움을 극복할 수 있다는 내용이 있습니다.

대중들의 현실적 소강을 두루 수용한 약사여래 신앙은 중국을 거쳐, 한국, 일본 등에 쉽게 전파되었습니다. 우리나라의 경우 약사여래 신앙은 삼국시대에 들어와 주목을 받기 시작했는데 그러한 정황을 《삼국유사(三國遺事)》에 실린 선덕여왕과 김양도(金良圖, ?~670)의 치병 이야기이서 엿볼 수 있습니다.

선덕왕 덕만(德曼)이 질병에 걸려 오랫동안 낫지 않자, 흥륜사(興輪寺)의 승려 법척(法惕)이 조서를 받들어 질병을 돌보았으나 시간이 흘러도 효험이 없었다. 당시 밀본법사(密本法師)의 덕행이 온 나라에 널리 알려져 주위의 신하들이 법척 대신에 밀본법사로 바꿀 것을 청하자, 왕이 조서를 내려 궁궐로 불러들였다. 밀본이 침실 밖에서 《약사경》을 다 읽자 가지고 있던 육환장(六環丈)이 침실 안으로 날아들어 늙은 여우 한 마리와 법척을 찔러 뜰 아래로 거꾸로 내던지니, 왕의 병이 곧 나았다. 이때 밀본의 정수리 우에 오색의 신비한 광채가 빛나, 보는 사람들이 모두 놀라워하였다.(7)

《약사경》을 송독한 밀본법사의 도력에 의해 그 유명한 선덕여왕을 괴롭혔던 늙은 여우가 퇴치되고 병이 나았다는 이야기는 약사여래 부처님을 지성껏 모시면 나쁜 병을 고치고 재앙을 없앨 수 있다는 약사여래 신앙의 효험을 확실히 인증한 셈입니다. 통일신라 초기의 대장군으로 김유신과 함께 삼국통일 전쟁에 앞장섰던 김양도에게도 비슷한 이야기가 있습니다.

재상 김양도가 어렸을 때 갑자기 입이 붙고 몸이 뻣뻣하게 굳어져 말을 하지 못하고 팔다리도 쓰지 못하게 되었다. 김양도가 보니 언제나 큰 귀신 하나가 작은 귀신 여럿을 거느리고 와서 집안의 모든 음식을 씹어 맛을 보았고, 무당이 와서 제사를 지내면 여러 귀신들이 모여 다투어 모욕을 하였다. 김양도는 귀신들을 물러가게 하고자 하였으나 입으로 말할 수가 없었다.

이때 그의 아버지가 법류사(法流寺)에 있는 이름을 알 수 없는 승려를 청해 와서 경을 암송하게 했는데, 큰 귀신이 작은 귀신에게 명하여 그 승려의 머리를 철퇴로 쳐서 땅에 넘어뜨리니 이내 피를 토하고 죽어 버렸다. 며칠 뒤에 사람을 보내 밀본을 불러오게 했는데, 심부름 갔던 사람이 돌아와 말하였다. "밀본법사가 우리의 청을 받아들여 곧 오겠다고 하였습니다." 귀신들은 이 말을 듣고는 모두 놀라 얼굴빛을 잃었다. 작은 귀신이 말하였다. "법사가 도착하면 불리할 테니 피한다면 얼마나 다행이겠습니까?" 큰 귀신은 거들먹거리며 태연자약하게 말하였다. "무슨 해로움이 있겠는가?"

얼마 후 사방에서 큰 힘을 가진 신들이 모두 쇠갑옷과 긴 창으로 무장하고 와서 여러 귀신들을 붙잡아갔다. 그러고 나서 무수한 천신이 둘러서서 기다리자, 잠시 후 밀본이 왔다. 밀본이 경을 펴기도 전에 김양도는 병이 나아 말을 할 수 있게 되었다. 몸이 풀리자 그는 지난 일을 모두 법사에게 이야기하였다. 김양도는 이 일로 해서 불교를 독실하게 믿고는 평생 동안 게을리하지 않았고, 흥륜사 법당의 주불(主佛)인 미륵존상(彌勒尊像)과 좌우의 보살상을 빚었으며 또한 금색으로 벽화를 가득 그렸다.(8)

김양도는 귀신에게 들려 꼼짝도 못하다가 역시 밀본법사의 도력에 의해 살아납니다. 흥미로운 것은 큰 힘을 가진 신들 곧 대력신(大力神)들이 나타나 귀신들을 잡아가는 장면입니다. 이들 대력신은 약사여래 부처님을 호위하는 12명의 신장(神將)들일 것입니다. 김양도 이야기는 약사여래 부처님을 지성껏 모시면 이 신장들의 보호를 받아 귀신들이 범접하지 못한다는 것을 말해 줍니다.

선덕여왕 같은 지혜토운 임금님과 김양도 같은 훌륭한 장군이

약사여래 부처님의 가피(加被)를 입어 중병이 나았다는 이야기는
아마 약사여래 신앙이 신라 사회에 널리 유포되는 데에 큰 영향
을 미쳤을 것입니다. 그리하여 통일신라 시대로 접어들면서 약사
여래 신앙은 이미 신라 왕실과 대중 사이에서 큰 비중을 차지하
는 불교신앙으로 자리 잡았고 8세기 이후 이러한 현상이 보편화
됨에 따라 도처에서 많은 약사불이 조성됩니다.(9)

고려 시대에도 약사여래 신앙은 쇠퇴하지 않았습니다. 민간에
서 개인이 복을 빌기 위해 약사여래 부처님을 신앙했을 뿐만 아
니라 요(遼), 금(金), 원(元) 등 외적의 침입을 물리치기 위해 국가
적인 차원에서 약사여래 도량이 개설되기도 하였습니다. 그리고
조선 시대에는 유교가 국교로 되고 불교가 탄압을 받아 과거처럼
국가적인 장려는 없어졌으나 여전히 병고와 재앙을 물리치고 복
을 비는 등 개인적인 차원에서 약사여래 신앙은 지속되었습니다.

팔공산은 앞서 이야기하였듯이 신성한 중악으로서 예로부터
지기(地氣)가 충만한 대길지로 이름난 곳이었습니다. 이것은 이
산이 소원성취의 기도처로서 가장 적합한 곳이고 이 때문에 약사
여래 신앙의 중심지가 될 소지를 충분히 지니고 있었다는 의미로
풀이됩니다. 아닌 게 아니라 팔공산에는 이미 통일신라 시대부터
신무동의 〈마애약사여래입상〉, 비로봉의 〈마애약사여래좌상〉 등
이 조성되어 약사여래 신앙의 구심점이 되어왔습니다. 마침내 이

팔공산 비로봉의 마애약사여래좌상

시대에 이르러 팔공산 관봉의 갓바위 부처님은 이 땅에서 면면히
이어온 약사여래 신앙의 제1 터전 위에서 전쟁, 가난, 질병, 재난
등으로 고통받는 중생들, 진정 힐링(Healing)이 필요한 이 나라를
긍휼히 굽어보시면서 그들의 탄식과 기원을 무량한 자비로 가납
하시어 제도(濟度)를 행하그 계십니다. 그 분의 숭엄한 자태, 그
리고 중생들의 신실한 긔의를 오늘의 시승(詩僧) 선묵 혜자 스님
은 다음과 같이 노래하였습니다.

빼어난 산세와 풍광으로
삼천리 오악(五岳)의 하나인 영산(靈山)

지친 심신 달래고자

약사부처님께 두 손 모으니

살그머니 머금은 미소

중생에게 희망으로 다가온다.

잔병치레 유난히 많은 손주 손잡고

먼 길 떠난 자식의 무사를 기원하며

한 가지 소원 이뤄 주신다는 믿음으로

속세에 찌든 심신 달래고자

갓바위 부처님께 합장하네.

본절은 참선자의 수행터로

웃절은 중생들의 발원지로

약사여래 12서원을 안고

천년의 세월 흥망성쇠 몇 번을 하였던가?

호국사상 정토신앙

현세안녕 내세극락

삼천배도 마다 않고

철야정진기도 발원 끝없이 이어지는 성지

나무약사유리광여래

정근 오늘도 이어지네.(10)

3) 빼어난 불교미술

　갓바위 부처님은 팔공산 산중에서 천년의 세월을 묵연히 좌정하고 계셨습니다. 그러던 어느 날 홀연 대중 앞에 그 숭엄한 자태를 드러내신 이후 종교적으로 신성한 경배의 대상이 되셨을 뿐만 아니라 문화재로서도 크게 주목을 받으셨습니다. 이 분에 대한 최초의 학술적 조사는 1959년 고고학자 정영호 교수에 의해 이루어졌습니다.

　1961년 학술지에 실린 조사보고서에서 정 교수는 갓바위 부처님의 자태와 예술적 의미, 조성 시기, 문화적 가치 등을 상세히 언급하면서 용모에 대해 "미목(眉目)이 수려(秀麗)하고 두 볼이 풍미(豐美)하여 굳게 다문 구순(口脣)과 길게 늘어진 양이(兩耳)로 안용(顔容)이 존엄(尊嚴)하다."라고 극찬하였습니다.(11) 다시 쉽게 표현하면 "눈썹과 눈이 아름답고 볼이 풍만하며 입은 굳게 다물었고 두 귀는 길게 늘어져 존귀하고 엄숙한 얼굴을 하고 계시다."라고 할 수 있겠습니다.

　이후 신라오악학술조사단 등의 정밀한 조사를 거쳐 갓바위 부처님은 문화재로서의 중요한 가치가 인정되어 마침내 1965년에 보물 제431호로 지정되기에 이르렀습니다. 보물로 지정된 이 분의 공식 명칭은 '관봉석조여래좌상(冠峯石造如來坐像)'입니다.

　갓바위 부처님의 좌상은 최근의 측정에 의하면 앉으신 자리인 좌대(座臺)를 포함한 전체 높이가 5m 93cm, 몸체인 불신(佛身)의 높이가 4m 50cm, 무릎 너비가 3m 19cm입니다. 그리고 머리에 쓰신 갓 곧 판석(板石) 형태의 보개(寶蓋)는 두께가 15cm이고 지름이 1m 80cm입니다. 불신과 좌대는 관봉 정상의 화강암 한 돌에 조각되었고, 보개는 근처의 다른 화강암으로 만들어 얹은 것이며 좌상 뒷면의 바위가 부처님의 광배(光背) 역할을 하고 있습니다. 조성 시기는 좌상의 특징, 양식 등을 고려할 때 통일신라시대인 9세기 쯤으로 추정되고 있습니다. 앞서 갓바위 부처님의 성립 연기(緣起)에 대해 선덕여왕설과 효공왕설의 두 가지 설을 소개하였는데 이러한 관점에서는 효공왕 때 대비의 병을 낫게 한 약수터에 불상을 세웠다는 이야기가 시기적으로 가깝습니다.

이제 그동안의 조사 결과를 토대로 갓바위 부처님 좌상 각 부분의 예술적 의미와 가치에 대해 알아보겠습니다. 전체적으로 석불(石佛)의 상체는 풍만하고 중후한 느낌을 주며 얼굴은 인자하되 다소 근엄한 표정을 하고 있습니다. 그리고 옆에서 보았을 때 약간 앞으로 몸을 기울인 자세입니다. 이것은 갓바위 부처님이 눈을 반쯤 뜨신 채 결가부좌(結跏趺坐)하고 입정(入定)에 드신 자세이기도 하지만, 중생들의 입장에서는 친히 몸을 굽혀 저희들의 온갖 소원을 귀담아 듣고 계시는 자세로 보이기도 합니다.

석불의 머리는 아무런 꾸밈이 없는 민머리로 이것을 소발(素

髮)이라고 하며 소라 고동처럼 말린 머리인 나발(螺髮)과 구분합니다. 머리 위에 둥글게 솟은 상투 모양의 살은 육계(肉髻)라고 하는데 이것은 지혜를 상징합니다. 다시 육계 위에는 갓처럼 보이는 보개가 얹혀 있습니다. 이것에 대해서는 석불을 만들 때 함께 올렸다는 설도 있고 후대에 올렸다는 설도 있습니다. 석불의 두 눈썹 사이는 둥글게 도드라져 있습니다. 이것을 백호(白毫)라고 부르는데 본래 양미간의 흰 털을 표현한 것으로 광명을 상징합니다. 아울러 우뚝한 코와 또렷한 인중, 어깨까지 내려온 큰 귀와 원만한 얼굴은 갓바위 부처님이 자비로우면서도 강한 의지와 결단력을 지니신 분이라는 인상을 줍니다. 이 분이 꼭 소원을 들어주시리라는 믿음이 존안(尊顔)을 직접 뵙자마자 저절로 우러날 정도입니다. 이러한 얼굴 표현 양식은 〈석굴암 본존상〉에서도 엿볼 수 있다고 합니다.

얼굴에서 내려오면 목에 세 개의 줄이 뚜렷하게 새겨져 있습니다. 삼도(三道)라고 하는 이것은 삼악도(三惡道)에 빠진 중생을 건지시는 부처님의 권능을 상징합니다. 다시 아래로 내려와 석불의 옷 곧 불의(佛衣)는 양 어깨를 모두 덮고 있습니다. 이러한 모습을 통견(通肩)이라고 하는데 불의가 오른쪽 어깨를 드러낸 모습, 곧 편단우견(偏袒右肩)과 구분됩니다. 그러나 오른쪽 어깨에 살짝 걸친 대의(大衣) 아래로 다시 옷이 있는 착의(着衣) 상태, 즉

군위 삼존불 본존상

편단우견의 대의 속에 편삼(偏衫)을 걸치고 있는 모습이라는 주
장도 있습니다. 불의 자락은 이어서 하체로 내려가 무릎을 지나
사각형의 대좌 아래까지 흘러내려 덮고 있습니다. 이러한 모습을
상현좌(裳懸座)라고 하는데 〈군위 삼존석굴 본존상〉의 대좌 양식
과 비슷하다고 합니다.

끝으로 석불의 손 모양을 보면 오른손을 오른쪽 무릎 위에 올
려놓고 손가락을 아래로 향하게 한 이른바 항마촉지인(降魔觸地
印)이라는 수인(手印) 형태를 하고 있습니다. 항마촉지인이란 석

가모니 부처님께서 깨달음을 이루실 때 악마가 방해하자 손가락으로 땅을 가리키시어 지신(地神)을 불러내 악마를 물리치고 거룩한 부처님의 존재를 증명하도록 하셨다는 이야기에서 유래한 수인입니다.(12)

이상 갓바위 부처님 좌상 각 부분에 대한 검토를 통하여 우리는 이 석불이 통일신라 시대의 국보급 걸작인 〈석굴암 본존불〉과 〈군위삼존석굴 본존불〉 등과의 영향 관계에서 조성된, 예술 기법이 뛰어나고 문화적 가치가 매우 높은 불교미술 작품임을 알 수 있습니다. 갓바위 부처님의 이러한 측면이 잘 밝혀지지 않았던 시절, 미신과 속설에 빠진 일부 사람들이 비를 내리게 해달라고 불로 석불을 그을린 적도 있으며 아들을 낳게 한다고 석불의 코를 훼손하는 등 무지몽매한 행위를 한 적이 있었습니다.

갓바위 부처님은 우리가 기도를 바치는 신성한 불상일 뿐만 아니라 국가적으로 소중한 문화재이기도 합니다. 관봉 일대는 성역과 다름없으니만큼 풀 한 포기, 나무 한 그루, 바윗돌 한 개라도 소홀히 하지 않는 마음가짐을 가져야 하며 석불의 보존과 유지에 최선을 다하여 만세에 길이 전할 수 있도록 해야 할 것입니다.

2. 꼭 들어주신 한 가지 소원이야기
─갓바위 부처님의 영험과 이적

噫吁戱, 아아!

危乎高哉. 험하고 드높아라.

蜀道之難難於上靑天. 촉나라 가는 길, 하늘에 오르기브다

　　　　어렵다네.

…………

上有六龍回日之高標, 위에는 여섯 마리 용이 태양의 수레를

　　　　돌리는 곳이 있고,

下有衝波逆折之回川. 아래에는 거센 파도를 일으키며

　　　　휘도는 강이 있지.

黃鶴之飛尙不得過, 황학도 날아서 지나가지 못하고,

猿狖欲渡愁攀援. 원숭이도 타고 넘어가기 어려운 곳.

이태백(李太白, 701~762)은 〈촉도난(蜀道難)〉이라는 시에서 촉

(蜀) 나라의 험준한 산길이 하늘에 오르기보다 어렵다고 표현하였습니다. 오늘날은 길이 많이 좋아졌지만 그 옛날 갓바위 부처님을 찾아가는 길은 험준하고 힘들기 그지없는 길이었을 것입니다. 지금도 해발 853미터의 관봉 정상을 향해 가는 길은 결코 쉬운 일이 아닙니다. 그러나 이 힘든 길을 많은 사람들이 어려움을 마다 않고 올라가는 이유는 어디에 있을까요?

그 이유는 "한 가지 소원은 꼭 들어주신다."라는 갓바위 부처님의 신화에서 찾아야 합니다. 이 말 속에는 고해(苦海) 속에서 갖가지 어려움에 부딪혀 살아가는 중생들의 간절한 소망과 갓바위 부처님의 권능에 대한 지극한 믿음이 담겨 있습니다. 아울러 이 신화는 그저 우연히 생긴 말이 아닐 것입니다. 오랜 시간 수많은 대중들이 얼마나 많이 갓바위 부처님께 소원을 빌었겠습니까? 그 수많은 기도 체험의 결과가 한마디로 집약된 것이 바로 "한 가지 소원은 꼭 들어주신다."라는 말입니다. 따라서 이 말은 아무 데서나 생길 수 있는 말이 아니고 대중들이 그저 하는 소리로 가볍게 들을 수 있는 말도 아닙니다.

갓바위 부처님이 영험하시다는 사실은 이미 오래전부터 알려져 있던 일이었습니다. 조선 순조 21년(1821)에 작성된 〈선본사 사적기〉를 보면 "(갓바위 부처님을) 뵙고 감동을 느껴 소원을 빌면 들어주시는 경우가 많았다."라고 씌어 있고(13) 일제 시대에

촉나라 가는 험한 길. 청(淸) 방훈(方薰)의 〈촉강산수이단(蜀江山水二段)〉

편찬된 《화성지》에서는 "(갓바위 부처님께) 지금도 비를 기원하고 복을 빌면 바로 효험이 있다."라고 말하고 있으며 마을 어른들의 증언에 의하면 1960년대까지도 가뭄이 들면 갓바위 부처님 앞에서 기우제를 지냈는데 그러고 나면 바로 비가 내렸다고 하니 "한 가지 소원은 꼭 들어주신다."라는 속설은 결코 허무맹랑한 말이 아니었음을 알 수 있습니다.

팔공산 관봉 정상은 이기 살펴보았듯이 만사형통의 기운이 샘솟는 대길지로 고대부터 알려져 있던 곳이며 그 자리에 중생의 고통을 해결해 주시겠다는 서원을 발하신 약사여래 부처님, 곧 갓바위 부처님이 좌정하셨으니 그곳은 우리들이 정성을 다해 기원만 드리면 못 이룰 것이 없는 신성한 장소입니다. "한 가지 소원은 꼭 들어주신다."라는 말은 이러한 풍수적, 지리적 배경만 보아도 수긍이 가는 말입니다.

그런데 여기서 "왜 꼭 한 가지 소원만 들어주신다고 할까?" 하고 의문을 품는 사람도 있을 것입니다. 이것은 우리가 많은 욕심을 부려서는 안 된다는 가르침을 뜻하기도 하고 진심과 정성을 다해 간절히 빌어야만 꼭 들어주신다는 의미로도 해석해 볼 수 있습니다. 어떤 사람은 부처님의 도는 스스로 깨달아야지 복을 빌어서 얻는 것이 아니라고 말합니다. 나아가 복을 비는 행위는 스스로의 깨달음을 멀리하고 남에게 의지하여 현실적인 이익만 취하려는 미신적인 행위로서 지탄받아야 한다고까지 말합니다. 이러한 말은 원칙적으로 틀린 것은 아니나 자비로운 부처님의 깊은 뜻까지 헤아린 말은 아닙니다.

중생들의 취약한 마음을 잘 아시고 이를 긍휼히 여기시는 부처님은 그들 하나하나를 위한 방편을 마련하셨습니다. 생로병사의 고통 속에 살아가는 중생들은 특별히 좋은 근기(根基)를 갖고 태어난 사람들을 제외하고 대부분 도를 향한 일관된 마음을 갖기 힘듭니다. 유교에서도 마찬가지로 맹자는 일반 백성들이 불변의 마음 곧 항심(恒心)을 갖기 어렵다고 말한 바 있습니다. 부족한 중생들을 깨달음으로 이끌기 위한 방편으로 부처님은 그들의 고민을 들어주시고 해결해 주심으로써 그들의 마음에 신심(信心)과 용기를 불러일으켜 궁극적으로 깨달음의 길에 들어서도록 하셨

초파일 꽃 공양을 받으신 갓바위 부처님

그래서 〈선본사사적기〉에서는 또한 "스님들만 갓바위 부처님을 뵙고 발심(發心)한 것이 아니라 어리석은 남녀들도 깊은 신심을 일으켰다."(14)고 증언한 바 있습니다.

이러한 방편은 다른 종교에서도 찾아볼 수 있습니다. 예수는 처음 선교를 할 때 불신하는 대중들을 교화의 길로 이끌기 위해

문둥병이나 정신병 등 난치병 환자들을 직접 손을 대 치유를 베풀었으며 오늘날에도 성모 마리아가 현신했다는 파티마(Fatima)라는 곳은 치유의 기적이 일어나는 성지로서 수많은 기독교인들이 참배하고 있습니다. 불교와 더불어 중국의 대표적 종교 중의 하나인 도교도 마찬가지입니다. 청나라 때의 혜동(惠棟, 1691~1758)은 타종교를 배척하고 합리적인 것을 추구하는 유학자이었음에도 불구하고 어머니가 병에 걸렸을 때 도교의 경전《태상감응편(太上感應篇)》에 정성을 들이면 병이 낫는다는 말을 듣고 그 책에 주석을 달아 어머니의 병을 고쳤다는 일화가 있습니다.

갓바위 부처님이 좌정해 계신 팔공산 관봉은 "한 가지 소원은 꼭 들어주신다."라는 신화가 생길 정도로 영험과 이적이 많은 세계적 성지입니다. 예컨대 유명 인사의 경우, 박지성, 설기현 선수의 부모님이 선전(善戰)과 건강을 기원하였고 혜민 스님이 은사 스님을 만나게 해주십사 하고 기원하여 가피를 입었다는 일화가 잘 알려져 있습니다.(15) 그러나 애석하게도 입소문에 비하여 수많은 영험과 이적들에 대한 실제 기록이 거의 없습니다. 이 책에서는 최초로 갓바위 부처님으로부터 큰 가피를 입은 분들의 기도 체험을 직접 듣고 기록하거나 녹취한 것을 정리하여 모든 이들에게 공개하고자 합니다. 기도 체험 스토리는 큰 병이 나았거나, 원하던 아이를 얻었거나, 중요한 시험에 합격했거나, 기울어진 사업이 번창하는 등 우리가 삶의 기로에서 겪었던, 또 앞으로 누구든 겪을 수 있는 어려움들이 갓바위 부처님께 대한 헌신적인 믿음과 기도를 통하여 어떻게 극복되었는가? 하는 내용들입니다.

이러한 내용들이 난관에 처한 분들에게 희망을 주고 갓바위 부처님께 대한 신심을 더욱 굳게 하는 데에 큰 도움이 되길 바랍니다. 그러나 무엇보다도 기억해야 할 것은 간절한 기도를 통해 가피를 입어 어려움이 해소되는 데에 그치지 않고 인생 문제의 근본적인 해결, 즉 진정한 깨달음으로 가는 길은 이제부터 시작이라는 점입니다. 그 길은 어리석은 중생에게 방편을 베풀어 주신 갓바위 부처님의 무량한 자비에 대한 감사의 마음에서 출발하여 스스로 정진을 통해 불교의 가르침을 깨달아 나가는 과정이 될 것입니다.

이 책에서는 갓바위 부처님의 가피를 입어 영험과 이적을 경험한 분들의 이야기를 크게 세 지역으로 나누어 들려드리고자 합니다. 물론 여기서 제시하는 이야기들은 수많은 체험담 중의 극히 일부분에 불과합니다. 왜냐하면 갓바위 부처님의 신화는 과거 오래전부터 있어 왔고 지금 이 순간에도 감동적인 이야기들이 생겨나고 있으니까요.

1) 갓바위 인근의 이야기

먼저 갓바위와 지근거리에 사는 분들의 이야기로 절에서 근무하거나 봉사하는 분들 및 인근 마을 주민들의 체험담입니다. 스님들을 도와 절에서 일하는 분들은 대개 갓바위 부처님과 특별한 인연이 있는 분들로 이 분들의 신심은 비할 데 없이 두텁습니다. 선본사 웃절 유리광전에서 근무하는 윤불국토(55세, 경기 평택시) 보살이 그러한 분입니다. 대구 시내에서 레스토랑을 운영하며 살아가던 그녀는 어느 날 꿈속에서 부처님을 뵙게 되면서 인생이 바뀝니다.

저 같은 경우에는 옛날에 레스토랑 할 때 힘들어서 갓바위 부처님께 기도드리러 가곤 했었죠. 그때 아무 것도 모르는데 꿈에 부처님이 오시는 거예요. 그래서 힘들고 하면 부처님을 찾고 의지하게 되었죠. 어느 날인가는 몸이 아플 때 부처님이 꿈에 오셔서 제 이마에다 손을 이렇게 얹으시면서 웃으시더라고요.

그 후 그녀는 사람을 만지면 병원에서 못 고치는 병을 낫게 하는 능력을 갖게 되었다고 합니다. 정토마을과 자재병원을 설립하여 불교 호스피스 활동으로 유명한 능행 스님을 만나게 된 것도 이 무렵이었습니다. 능행 스님이 데려가서 봉사시키려고 했는데 선본사에서 우리가 쓸 사람이라고 말렸다고 합니다. 그때 부처님으로부터 받은 능력이 이랬다 합니다.

　아들이 의사인데도 어머니 병을 못 고쳤어요. 교통사고 나서 발이 퉁퉁 부어서 어떤 약을 써도 안 나았는데 그 어머니 발을 만져 주고 하니까 나아 버린 거예요. 그래서 교동시장에 제가 가면 사람들이 와- 몰리고 했던 시절이 있었는데…….

　가게 일을 하면서 나름대로 한방병원 등에서 봉사활동을 하던 그녀는 결국 당시 선본사 주지이셨던 장적 스님의 호출을 받습니다.

　봉사할 때 우리 병실에 있던 사람들은 굉장히 호전이 되었던 거예요. 인기가 엄청 많았고 병원장님도 너무 고마워하셨죠. 그 일을 그만두고 나와 집에 있으면서 '뭔가 다른 활동을 해야 하겠다.' 하고 있을 때 장적 스님으로부터 전화가 온 거예요. "뭐 하세요?" 그러셔서 "병원에서 나왔으니 가게 일 좀 신경 쓰려고 합니다."라고 했더니 뭐 하러 돈 벌려고 하느냐고, 돈 벌지 말라고 하시는 거예요. 그러면서 하시는 말씀이 "점심 먹

으러 얼굴도 볼 겸 한번 나오세요.”라고 하셔서 갔더니 가게 인수인계하고 내려가지 말라고 그러시는 거예요. 그래서 “제가 여기서 왜 살아요, 가게를 해야죠.” 했더니 가게는 뭐 하러 하냐고 하시는 거예요. “부처님 하고 살면 애들 다 키워 주시고 하니까 부처님 믿고 살아 보세요.” 하시는 거예요. 그래가지고 ‘아- 이제는 정말 살아야 되나보다, 이래서 여러 스님이 나보고 절에 살라고 했구나.’ 하는 생각이 들더라고요. 그래서 절 생활을 시작한 것이 여기까지 왔어요.

실제로 그녀가 절에 가서 갓바위 부처님께 헌신하는 생활을 한 이후 아이들 셋은 부모에게 손 안 벌리고 장학금을 타면서 스스로의 힘으로 학교 잘 다녔고 심성도 바르게 잘 커 주었답니다. 아울러 사업을 하는 동생도 매사에 일이 잘 풀려서 걱정이 없답니다. 불국토 보살은 오늘도 웃절 대웅전에서 갓바위 부처님을 뵈러 오는 기도객들을 친절히 맞아 주고 조근조근 필요한 일을 일러줍니다. 고민을 안고 올라왔던 많은 기도객들이 그녀의 조언과 격려에 힘을 얻고 감사해합니다. 부처님과 매일 함께하는 생활. 그것을 너무도 보람 있어 하고 행복해하는 마음이 그녀의 표정에 넘칩니다. 그녀는 이렇게 말합니다.

이야기를 해도 브처님 이야기만 하는 지금의 이런 삶이 너무나 좋아요. 갖가지 문제를 짊어지고 이곳을 찾아오는 분들과 고락을 함께 하면서 오로지 부처님만을 믿고 따르는 생활을 한 지 벌써 10여 년. 그 고진감래의 세월 속에서도 언제나 가피를 보면서 오로지 부처님고 공감하고 하나가 된 삶을 살고 있죠.

로 왜 그렇게 환희심이 나서 가파른 산을 한달음에 올라와 부처님께 봉사를 드리는지 그 연유를 물어보았습니다.

어릴 때부터 어머니 따라 절은 갔으나 열심히 다니는 편은 아니었습니다. 대기업 다니다가 IMF 터져서 퇴사하고 개인 사업을 했는데 하는 일마다 안 되더라고요. 그러던 중 3년 전쯤 한 친구가 갓바위 부처님께 가뵈라고 권하더군요. 그때 건강이 안 좋아서 3분의 2쯤 올라갔는데 하늘이 노랗더라고요. 올라와서 108배를 하고 나니 다리가 떨려서 못 내려갈 정도였습니다. 그 다음에 갈 때는 조금 쉬워지더군요. 이렇게 열심히 다니면서 일이 점점 풀려 힘들었던 경제 사정도 나아지기 시작하였습니다.

갓바위 부처님의 웅장한 옆 모습

그런데 갓바위 부처님을 지금처럼 지성으로 모시고 봉사를 드리게 된 결정적인 계기가 있었다고 합니다.

둘째 딸 애가 고3때였는데 집안 경제가 많이 악화됐어요. 아파트가 경매에 넘어가고 하는 상황에서 아이가 심리적으로 불안했던지 1학기 수학 시험에서 백지를 내고 수능 시험도 망쳤어요. 수능 치는 날 갓바위 올라가서 기도드리는데 남자는 저까지 둘밖에 없고 전부 아주머니들이더군요. 정시로 4년제 들어갈 실력은 안 되고 수시로 어떻게 해보자 했죠. 다시 딸아이까지 데리고 가서 기도드리는데 아이는 수시 기도드리게 하고 저는 그때 큰 보험계약 건이 있어서 그것 성사시켜 달라고 기도드렸습니다. 아이가 세 군데를 넣었는데 낮춰서 넣은 두 군데 대학은 안 되고 오히려 가장 높여서 넣은 한 군데 대학만이 예비 35번으로 합격한 것 있죠? 정말 기적이 아니면 설명할 수 없는 일이 일어난 겁니다. 정작 합격은 했지만 등록금이 없어서 걱정하고 있던 차에 기도드렸던 큰 계약 건이 성사되어서 그 문제도 완전히 해결되었습니다. 어머니 말씀이 그렇게 많이 가피를 입었으니 부처님께 은혜 갚아야 한다고 하셔서 봉사하러 올라오게 되었습니다.

이제 무우 처사가 늘상 환희심을 지니고 봉사에 열심인 이유를 알 것 같습니다. 그는 그 후에도 어려울 때마다 큰 계약을 성사시키는 가피를 입곤 했다고 합니다. 그리고 잘 아는 보험 설계사 한 분은 갓바위에 가서 기도하고 오면 꼭 계약 사인하는 꿈을 꾸고 곧 성사되어서 그 분이 갓바위에 가지 않을 수 없다고 하는 말을 들었다고 합니다.

다음으로 인근 마을 주민들의 체험담입니다. 이 분들 중에는 갓바위 부처님과 관련된 생업에 종사하고 있거나 대대로 그 지역에 살아와 누구보다도 갓바위 부처님을 친견할 기회가 많기 때문에 영험과 이적을 경험한 분들이 많습니다.

먼저 선본사로 향하는 큰 길가의 솔목 마을, 속칭 갓바위 식당촌에 자리한 '구씨네' 상점을 운영하는 구종철(66세, 경북 경산시) 처사의 이야기를 들어보도록 하겠습니다. '구씨네'는 갓바위 부처님께 치성 드리는 공양미, 양초, 향 등을 판매하는 상점입니다. 겨울에 눈이 많이 내리면 차들이 이곳에서 멈추고 회차할 수밖에 없는데 '구씨네'는 추위에 떠는 기사들과 기도객들에게 뜨거운 커피를 대접해서 인심 좋고 친절한 가게로 소문나 있습니다. '구씨네'가 이렇게 자리 잡기까지에는 갓바위 부처님을 향한 구 처사의 한결같은 불심과 근면함이 있었습니다.

구 처사는 1989년 말부터 선본사 아래 금문교 옆에서 불교용품 파는 노점을 했는데 누가 시키지 않았는데도 더러운 공중화장실 청소를 맡아서 했다고 합니다. 그 후 주차장이 개설되자 관리원이 되어 운영을 했고, 그러다 솔목 마을에 땅을 구입해서 가게 짓고 내려와 살게 되었다고 합니다. 구 처사의 부처님께 대한 경건한 마음을 엿볼 수 있는 한 대목을 소개합니다.

얼마 전인가 어디 시골에서 쌀장사 하는 사람이 몇 번이나

와서 팔아달라고 사정을 해요. 늘 하던 거래처가 있어서 우리는 잘 안 바꿉니다. 기도객들에게 파는 쌀이 공양미인지라 최선을 다해야 하니까 믿는 곳 아니면 안 하죠. 하도 사정을 해서 한번 보자고, "내려놔 보세요." 하고 쌀을 보니까 그런대로 괜찮아요. 그래서 팔아 주고 애들 보고 밥을 해봐라 해놓고는 콩을 구입하러 나갔어요. 저녁에 오니까 애들이 "아버지, 이 쌀 안 되겠습니다." 해요. 밥 해 놓은 것을 보니까 윤기가 없어요. 긴가 민가 하고 팔아 줬는데 밥을 해보니 아닌 거죠. 그럼 어떻게 합니까? 내가 보기에도 안 좋은 쌀을 부처님께 못 올리잖아요. 그래서 전량 폐기 처분을 하였습니다. 이건 안 된다. 우리가 떡을 해먹더라도 여기서 먹는 것은 상관없지만 손님들에게는 못 판다. 어떻게 부처님께 올리냐고. 사실 다른 쌀하고 섞으면 표가 안 날 수도 있습니다. 그러나 안 될 일이죠. 그래서 가차 없이 폐기하였습니다.

그가 장사하는 자세는 단적으로 다음과 같습니다.

처음부터 일단 이익이 얼마인가는 염두에 두지 않습니다. 이익이 문제가 아니고 부처님께 올리는 물건의 품질이 우선이기 때문입니다. 물건 구매할 때 돈 좀 더 주는 대신 내가 덜 남기면 되는 건데. 그런다고 적자 나고 하는 건 없습니다. 이렇게 장사해 왔어도 지금 남의 집에 돈 꾸러 가는 일 없으니까요.

장사를 하더라도 갓바위 부처님께 조금이라도 누가 안 되도록 성실한 자세로 임하는 구 처사네 댁이 복을 받지 않을 수 없습니다. 구 처사는 어렵고 힘들었던 시절에서 지금의 안락한 생활을 찾게 되기까지 부처님의 많은 가피가 있었음을 아래와 같이 고백합니다.

알아서 돌봐 주십니다. 돈 쓸 계획을 하게 되면 그것에 따라 돈이 절로 들어와요. 장사가 잘 되는 겁니다. 가령 애들 집 사주는데 계약을 해 놓고 중도금 때 되면 장사가 잘 되요. 모든 일이 이렇게 부담 없이 차근차근 해결이 다 되더군요. 우리 애들도 어머니, 아버지 여기서 장사하고 지네들 시내에서 학교 다니고 생활했는데 전혀 말썽 안 피우고 다 잘 됐습니다. 1남 2녀로 첫째인 남자애는 교대 들어가서 지금 초등학교 교사 하고 있고 3남매 모두 시집 장가 다 보내서 잘 살고 있습니다. 가정 성불 받은 것이죠. 산 아래 사회에서 살았으면 제가 지금까지 잘 살고 있으리라고 보장 못합니다. 성질이 좀 별납니다. 뭐라고 할까요? 남에게 해코지는 안 하는데 남이 날 건드리면 용납을 못하는 거죠. 여기 갓바위 부처님 슬하에 들어와 살기 때문에 이렇게 제 명대로 사는 것 아니겠느냐? 항상 이렇게 감사드리며 살고 있습니다.

 권 보살은 23세에 인근 하양에서 이곳으로 시집왔다고 합니다. 40대에 남편과 사별하고 4남매를 홀몸으로 기르며 사는데 마땅한 생계가 없어 선본사 공양간에서 신도들 밥 퍼주는 일을 했다고 합니다. 스님과 구처사 등 동네 사람들이 쌀이나 연탄도 갖다 주고 도움을 주긴 했지만 겨우 끼니를 이을 정도의 고생스러운 삶이었다고 합니다. 어려운 삶에 엎친 데 덮친 격으로 그녀는 48세 때 대구 파티마 병원에서 위암 진단을 받았지만 가난해서 병원 치료도 받지 못했다고 합니다. 그때의 절망적인 상황을 그녀는 이렇게 술회합니다.

배가 아파서 물 한 모금도 못 먹었습니다. 삐쩍 말라가지고 몸무게가 41킬로 이렇게 나갑디다. 속 아프다고 엎드려 있으면 아이가 학교 갔다 와서 두 손을 넣어 배를 만지면서 "엄마 많이 아프나? 큰 엄마가 그러는데 엄마 사흘 못 넘긴다고 하는데 엄마 일어나라. 일어나서 밥 먹어라." 이러는데 가슴이 찢어지죠.

황혼녘의 갓바위 부처님

가슴 끌어안고 한 8년을 고생했지요. 마을 사람들이 다 알았어
요. 위암 선고 받고 다들 죽는다고 했어요.

그러나 그녀는 기적같이 소생합니다. 그것은 남편도, 돈도 없
고 의지할 곳 없는 그녀가 오로지 자비로운 갓바위 부처님께 매
달린 덕택입니다.

언젠가 선본사의 한 스님이 말씀하시길 "보살님, 보살님은
남을 의지하지 말고 아무도 의지하지 말고 부처님만 의지하고
사세요." 하셨어요. 요사 가만히 생각하니까 그 스님 말씀이 어
떻게 그렇게 맞는가 싶어요. 부처님 앞에 아침, 저녁으로 공양
올리고 내 몸 건강히 해달라고 기도드렸습니다. 몸이 아파도
갓바위 올라가서 부처님 전에 무릎 꿇고 기도했죠. 내 아픈 것
을 부처님께 맡기고 부처님 공양 올리고 신도들 밥 퍼주는 일
에 전념하니까 아픈 줄을 모르겠더라고요. 그리고 차차 괜찮아
져서 완쾌됐습니다. 아이들도 시집 장가 다 잘 보내고 이제 막
내 하나 남았어요. 우리 부처님 덕택에 내가 여기 시집와서 살
았지 다른 데 갔으면 죽었을지도 모릅니다. 우리 부처님이
진짜 약사여래예요, 약사여래. 참 그렇게 고생했어도 이렇게 살
아있으니, 내가 72살까지 살아있으니까.

　　이것은 고단한 삶을 살았던 그러나 지금은 갓바위 부처님을 만난 행운에 감사해하는 한 시골 할머니의 과장 없는 고백입니다. 이 대목에 이르러 우리는 아무 가진 것도 없고 온갖 환난에 시달리는 불행한 민초들에 대한 갓바위 부처님의 특별한 자비를 엿볼 수 있습니다. 갓바위 부처님이 한때 미륵님으로 불리었던 것은 이러한 연유에서입니다. 내세에 우리를 구원해 주신다는 미륵불은 어지러운 시절에 대중들이 고통과 억압으로부터의 해방을 꿈꾸며 많이 숭배했던 부처님이십니다.

　　이처럼 부처님께 간절히 기도하고 의지하여 목숨을 구했던 사례는 이미 고대 중국의 전적에 보입니다. 《선험기(宣驗記)》(16) 라는 책을 보면 다음과 같은 이야기가 있습니다.

　　정선(鄭鮮)은 자가 도자(道子)이며 관상을 잘 보았다. 그는 자신의 수명이 짧은 것을 스스로 알고 있었지만, 아무리 생각해도 수명을 연장시킬 방법이 없었다. 그러던 어느 날 꿈에 스님이 나타나 물었다. "꼭 수명을 연장하고 싶으시오? 육재일(六齋日)에 방생하면서 선행을 염원하고, 재계하면서 계율을 받든다면 수명을 연장하고 복을 얻을 수 있습니다." 이로 말미암아 정선은 불법을 신봉하여 마침내 장수하게 되었다.(17)

구종철 처사와 곽태보 보살 이외에도 마을 주민들 중에는 갓바위 부처님의 가피를 체험한 분들이 적지 않습니다. 특히 아이 없는 여성들이 아이를 낳은 경우가 있는데 가령 곽인식(75세, 경북 경산시) 보살의 증언에 의하면 며느리가 13년 동안 아이를 낳지 못했는데 새벽같이 갓바위 부처님께 가서 기도드리고 난 후 튼실한 아이를 낳아 길러 지금 참하고 공부 잘하는 중학생이 되었다고 합니다. 박방우(82세, 경북 경산시) 보살의 경우도 딸만 셋이었는데 갓바위 부처님께 기도드려서 그 후로 아들 셋을 더 낳았다고 합니다. 박 보살은 겨울에 기도드릴 때 집에서 목욕하고 올라가다 중간에 계곡의 얼음을 깨서 또 목욕하고 올라가서 기도드릴 정도로 정성을 다 했다고 합니다.

우리는 절에서 근무하거나 봉사하는 분들 그리고 마을 주민들과 갓바위 부처님과의 특별한, 많은 인연들을 위에서 잘 살펴보았습니다. 이러한 특별한 인연들은 어떻게 설명될 수 있을까요? 구종철 처사의 다음과 같은 말이 그분들이 갓바위 부처님께 대해 지니는 독특한 운명적인 감정을 잘 설명해 주고 있습니다.

여기 들어오셔서 가지고 기도하신 분들은, 그냥 왔다 갔다 하신 분들은 별 것 없지만 오래 계신 분들은 다른 데 못 갑니다. 다른 데 가면 안 맞아요. 다른 데 갔다가도 도로 온다니까요. 쉽게 얘기해서 부처님이 필요해서 잡아놓는 거지.

2) 대구 지역의 이야기

갓바위 인근을 넘어 이제 타지에서 온 기도객들의 가피 체험에 대해 이야기할 차례입니다. 그런데 갓바위 부처님은 팔공산에 계신 만큼 아무래도 인접한 대도시인 대구 시민과의 인연이 다른 어느 지역보다 깊다고 할 수 있습니다. 그래서 우선 대구 시민으로서 가피를 입은 분들의 체험담을 따로 구분하여 들어보고자 합니다.

갓바위 부처님께 기도드리러 가다 보면 절 아래 일주문부터 그 힘든 돌계단을 거쳐 웃절까지 약사여래 부처님 명호를 우렁차게 외치며 삼보일배를 하는 50대 남성을 볼 수 있습니다. 악명 높은 대구 지역의 무더위나 한겨울의 매서운 팔공산 칼바람에도 굴하지 않고 언제나 한 모습으로 삼보일배, 약사여래불 정근 삼매경에 빠져 있는 이 처사가 누구일까? 도대체 무슨 사연이 있는 것일까? 하고 기도객들 누구나 한번쯤은 궁금증을 품어 보았을 것입니다. 정말 대단한 불심을 지닌 이 처사는 달중(55세, 대구 달서구) 거사라 하는 분입니다. 그가 삼보일배를 하게 된 동기는 자식을 둔 부모라면 누구나 그렇듯이 자식이 잘 되기 위해서라면 무엇이든 하겠다는 마음에서였습니다.

애들이 성장하면서 시험이나 취업 등 어려운 일이 있잖아요. 처음 이 기도를 하게 된 것은, 아들내미가 사법시험 친다고 할 때 '아버지로서 경제적으로 풍족하게 해주지는 못했지만 도리는 다 해야겠다.' 하는 생각에서였죠. '내가 비록 못 배우기는 했지만 아이가 법관이 되어서 불행한 사람들 도와주면 좋겠다.' 하는 바람도 있었고요. 그 와중에 딸내미가 대학 졸업하고 취업 시험 봤는데 갓바위 부처님께 3천배를 올렸더니 딱 붙은 거예요. 그때 '내가 기도해서 잘 됐다, 아버지로서 뭔가 해줬다.' 하는 생각에 기분이 참 좋더라고요.

달중 거사가 처음부터 갓바위 부처님께 기도드린 것은 아니었습니다. 원래 어머니 쪽으로 불교 분위기의 집안에서 자라나 불심이 있어서 좋다는 여러 절에 기도를 다니곤 했는데, 언젠가 석굴암 본존 부처님께 기도를 드렸더니 거기서 갓바위 부처님을 친견하라는 계시를 받았다고 합니다. 동기는 아이들 현실을 위한 것이었지만 점차 삼보일배에 전념하면서 그는 종교적 희열을 느끼고 신비한 체험도 하게 됩니다.

관봉 정상까지 올라갔다 내려오는 게 1회인데 지금 1년 동안 아마 400회를 넘었을 겁니다. 어떤 때 컨디션 좋을 때는 하루에 4회씩도 해봤거든요. 부처님의 가피를 받아서인지 내내 피곤한 줄도 모르고 속에서 나쁜 기운이 빠져나가는 것 같은 느낌을 받으니까 몸이 가뿐합니다. 겨울에 눈이 많이 올 때 펑펑 울면서 위로 올라갔었거든요. 다른 사람들이 봐서는 저 사람 힘들어서 우는가 보다 생각할지 모르지만 내 입장이 안 되어 보면 모르는 일이지요. 힘들어서 우는 것이 아니라 '이건 내 죄를 전부 닦아내는 일이다.' 하는 기쁨과 감동에 우는 것이지요. 그리고 영험한 일들도 많이 겪게 되었습니다. 요즘 기도를 끊임없이 하니까 부처님 눈과 가슴에서 광채가 나오는 것이 보이고 어떤 때는 부처님이 하늘에서 관음상도 보여 주시고 촛불 속에 동자상이 있는 것도 보여 주셨습니다.

기도에 전념할 때 부처님이 현신(現身)하시는 현상에 대해서도 《선험기(宣驗記)》에는 이미 다음과 같은 기록이 있습니다.

유유민(劉遺民)은 팽성(彭城) 사람이다. 젊어서는 유생(儒生)으로서 친상을 당하여 지극한 효성으로 이름이 알려졌다. 집안이 가난하여 여산(廬山)의 서림사(西林寺)에 거처를 정했는데,

몸에 늘 병이 많았기에 처자식도 마음에 두지 않고 사람들과 왕래도 끊은 채 선업(禪業)에 정진했다. 반년 사이에 미간(眉間)에서 어떤 모습이 보였는데, 부처의 한쪽 눈과 반백의 머리카락이 점점 드러나더니 나중에는 또 전신이 보였다. 그는 그것을 그림이라 생각했는데, 또 보았더니 한 스님이 명주(明珠)를 받들고 있었다. 유유민은 이로 인해 마침내 병이 나았다.(18)

그러나 너무 신비한 현상에만 집착하면 깨달음의 바른 길로 가는 것이 아닐 수도 있습니다. 그래서 달중 거사는 부처님의 말씀에 대한 진지한 공부가 필요하다는 생각에서 서울에 계신 고명한 불교 학자님을 스승으로 모시고 가르침을 듣는다고 합니다. 아울러 부처님의 가피에 힘입어 그는 나름대로 큰 서원을 세우고 더욱 정진하고자 합니다.

내가 삼보일배를 108번에서 1,080번으로 늘렸는데 도중에 3천번으로 원을 세워서 하고 있거든요. 3천배 같은 경우 10년쯤 잡아야 할 텐데 끈기 있게 계속할 겁니다. 이렇게 3천번 원을 세운 것은 '대한민국에, 팔공산 갓바위에 부처님 법을 받아 이만큼 삼보일배하는 사람이 있다.' 하는 자부심을 전 세계에 심어 주고 싶기 때문입니다. 그리고 수행과 부처님 공부를 더

겨울 눈속의 갓바위 부처님

　많이 해서 이 땅에 불국정토를 세우는 데 기여하고 싶습니다.

　부디 달중 거사의 서원대로 10년 안에 3천배를 달성하는 쾌거가 이루어져 전 세계 불자들의 감동을 자아내고 깊은 수행과 공부로 자신의 깨달음은 물론 좋은 세상 만드는 데 힘쓰시기를 마음속으로 응원합니다.

　다음에 이야기할 가피 체험은 좀 독특한 내용입니다. 이야기의 주인공인 서도안(46세, 대구 수성구) 처사는 현직 경찰 공무원입

 그는 동생도 같은 직종에 있는 경찰 가족으로 지구대에서 근무하며 시민의 치안을 담당하고 있었습니다. 그러던 어느 늘 갓바위 부처님을 뵙게 되려고 그랬는가, 갑자기 큰 우환이 집안에 발생하였습니다.

4년 전에 동생이 교통사고 현장에 조사 나갔다가 사고를 당해 목숨을 잃을 뻔한 일이 있었습니다. 목숨은 겨우 건졌지만 중상으로 투병생활에 접어들었고, 저도 여러 문제가 생겨서 참으로 다사다난한 시기였습니다. 이때부터 갓바위 부처님께 매달리기 시작하였고, 최소 1주일에 한 번 이상 찾아뵙고 제발 동생이 장애를 안고 살지 않게 해달라고 간절히 기도하였습니다. 마침내 동생은 극적으로 호전되어 3년 만인 올해 현직에 복귀하였고 저의 여러 문제들도 다 해결되었습니다.

이제는 형제가 무탈하게 근무하고, 서 처사는 아이들 3남매가 잘되라고 갓바위 부처님께 기도를 게을리하지 않는다고 합니다. 그런데 서 처사는 색다른 가피를 체험하게 됩니다.

평소 여러 진언 중 비로자나불의 광명진언에 관심이 있어 염송하곤 했는데 언젠가 야간 근무를 할 때 탁발승 같은 사람이 쓰러져 있는 것을 목격하였습니다. 후배 경찰이 일으켜 세우자 갖은 욕설을 다하고 거칠게 반항을 해댔습니다. 그래서 제가 그 사람의 손을 꼭 잡고 마음속으로 진언을 외웠더니 뜻밖에도 저를 탁 쳐다보면서 순순하게 "그냥 가겠습니다. 미안합니다."라고 하는 것이 아니겠습니까? 신기한 일도 다 있다고 혼자 생각했는데 며칠 후 또 야간근무를 하게 되었습니다.

이날도 파출소에서 지구대로 신고가 들어와 현장에 가보았더니 어떤 60세쯤 된 사람이 난동을 부리고 있었습니다. 마구 폭언을 하고 막무가내인지라 제압할 수가 없었는데 제가 그 사람의 눈을 들여다보며 마음속으로 진언을 외웠더니 갑자기 손으로 눈을 가리는 것이 아니겠습니까? 그리고 얌전해지면서 "너무 밝아서 안 보입니다. 갈게요. 갈게요. 부처님이 보이는데요. 가면 안 되요?" 하길래 "앞으로 이러시면 안 됩니다." 하고 훈방하였습니다. 한 번도 아니고 두 번이나 이런 가피를 입게 되니 부처님께 대한 신심이 더욱 강해졌고 후배 경찰들도 이 일을 목격한 후 광명진언을 외우기 시작하였으며 저의 가족들도 모두 염송하고 있습니다.

비로자나불은 창조주로 우주만물을 창조하신 부처님이라고 합니다. 이 분은 온 세계를 비추는 빛으로 몸을 이루시었는데 석가모니 부처님으로도 화생하셨다고 합니다. 비로자나불의 진언인 광명진언은 모든 업장을 소멸시키고 밝은 본성을 깨닫게 해주는 강력한 주문으로 일찍이 원효대사도 그 공덕에 대해 극찬하신 바 있습니다. 서 처사는 갓바위 부처님께 일심으로 기도하여 그 가피를 입어 광명진언이 무량한 힘을 발휘하게 된 것이 아닌가 합니다. 원래 모든 부처님은 진리 그 자체에서 하나이신 분인데 아직 깨달음을 얻지 못한 우리 중생들이 세상만사의 측면에서 이해하고 신앙하기 위한 대상으로서 여러 분야의 부처님이 존재하게 된 것이라고 생각할 수 있습니다. 그래서 약사여래 갓바위 부처님께 지성껏 기도드리면 궁극적으로 모든 부처님의 도리와 통한다 할 수 있겠습니다. 서 처사의 광명진언이 위력을 발휘한 것은 이러한 취지에서 이해해야 할 것입니다.

서 처사는 또한 가족과 함께 경험한 가피 사례를 소개하였습니다. 큰 딸과 학원에 함께 다니는 30세 아가씨가 있는데 무슨 일인지 잠이 들면 하루에도 서너 번씩 가위눌리곤 하였답니다. 민간의 속설대로 칼을 머리맡에 두어도 효과가 없자 딸에게 "아빠가 절에 다니신다는데 남는 염주라도 있으면 갖다 달라."고 했답니다. 그래서 본인이 사용하던 것을 줄 수는 없어서 선본사 웃절 대웅전의 화엄신중(華嚴神衆) 전에 단주를 올리고 기도한 다음 그것을 아가씨에게 주고 광명진언도 적어 주었답니다. 그런데 신

철원 도피안사의 비로자나불좌상

기하게도 그 아가씨가 진언을 외우고 난 후 가위눌리지 않게 되었다고 합니다.

　이상의 두 분 이외에도 대구시민으로서 독실한 신심으로 인해 가피를 많이 입은 분들이 있습니다. 김인수(58세, 대구 수성구) 처사는 사업을 하는데 주식으로 수억 원을 날리고 실의에 빠져 있다가 죽을 각오로 1년 동안 기도에 몰두했다고 합니다. 그랬더니 집값이 올라 덕을 보고 사업이 되살아났다고 합니다. 그 후 대학 입시를 앞둔 아들을 위하여 매일 가게 끝나고 밤 10시에 갓바위에 올라가 기도드렸는데 천일기도 회향하는 날 밤에 항아리 속의

붕어가 뛰어오르는 꿈을 꾸었다고 합니다. 이른바 몽중가피(夢中加被)를 입은 셈인데 결국 서울의 명문 사립대학에 합격하고 장학금도 받은 데다가 군대 갈 때에는 카투사 시험에도 합격하였다고 합니다. 이러한 좋은 결과를 보고 처음에 미쳤다고 험담했던 형제들이 이제는 다 부처님께 귀의했다고 합니다.

저자가 갓바위 가느라고 동대구 역에서 우연히 탔던 택시의 기사 우○○(74세) 처사는 부인이 갓바위 부처님께 열심히 다녔다고 합니다. 개인택시 면허를 받으려고 서류를 몇 번 넣었는데 계속 떨어졌답니다. 그런데 한번은 부인이 이번에는 될 거라고 그래서, 뭘 보고 아느냐고 물었더니 갓바위 다녀와서 꿈을 꾸었는데 누런 돼지가 부처님 뒤에서 새끼를 쫙 낳더라고, 그래서 붙을 것으로 점쳤답니다. 결국 그 해에 개인택시 면허를 땄다고 합니다. 부인이 열심히 기도한 덕택으로 아이들도 공부를 잘 해서 아들은 박사하고 국비로 미국 유학 갔다 와서 대기업에서 근무하고 있고, 딸은 임상병리학을 전공해서 지금까지 병원에서 일한다고 합니다.

이분들 이외에도 대구시민 중에 갓바위 부처님의 가피와 관련된 사연을 지닌 분들이 엄청나게 많을 것으로 생각되나 이만 생략하고 이제 전국 각지에서 오신 분들의 사례에 대해 들어볼까 합니다.

강자선화(74세, 서울 강남구) 보살은 30여 년을 한결같은 마음으로 갓바위 부처님을 천리를 마다 않고 찾아뵈어 그 정성만큼 많은 가피를 누린 분입니다. 강 보살은 중년 시절부터 아이들을 위해 갓바위 부처님을 찾아뵈었다고 합니다.

처음에는 애들 공부할 때, 지금 우리 아들이 47세인데 고1 때부터 다녔어요. 그때는 갓바위 가면 부처님께 올라가서 코도 만지고 몸도 만지고 그랬어요. 애들이 큰 후로는 혼자서 심야 버스 타고 가서 올라가면 새벽까지 한 2~3시까지 있다 내려갔죠. 그렇게 해서 아이들 좋은 대학 들어가고 다 이루었어요.

아이들은 부처님 가피 아래 잘 자라 주었지만 나이 들어가면서 부모인 강 보살 내외의 건강이 순탄치 못했다고 합니다. 특히 남편의 건강이 걱정되었습니다.

우리 영감님네 집안이 환갑을 못 넘겨요. 시아버님도 그렇고 시아주버님도 환갑 해에 가시더라고요. 그래서 갓바위 부처님께 가서 빌었어요. 남편이 환갑 잘 넘겨서 더도 덜도 말고 그저

10년만 더 살게 해주면 좋겠다고. 세 번을 다니면서 10년을 더 달라고 했어요. 그럼 아들도 장가보내고 여한이 없지 않겠느냐고, 꼭 10년만 부탁합니다, 이렇게 기도드렸지요. 그런데 기가 막히게도 우리 영감님이 71세에 갔으니 딱 10년 주셨어요.

그녀는 그동안 기도했던 일을 잊고 있다가 49재 때 그 일을 생각해 내곤 자기 입이 방정맞아서 남편을 먼저 보냈다고 통탄했다고 합니다. 그랬더니 가까이 다니던 절의 스님이 "거기서 더 욕심 부리지 말고 그걸로 만족하세요."라고 충고했다고 합니다. 우리는 간절한 믿음에 대한 갓바위 부처님의 확실한 가피에 놀랍고 감사한 마음을 금할 길 없습니다. 그런데 그녀에게도 건강의 위기가 찾아왔습니다. 원래 간경화가 있었는데 2001년에 그것이 간암으로 악화됐고 고혈압에 당뇨까지 왔으니 그야말로 사신(死神)이 눈앞에 어른거리는 상태였던 것입니다. 그러나 그녀는 병원 치료와 함께 갓바위 부처님께 대한 신심을 더욱 굳게 하여 지금까지 건강하게 살아가는 가피를 입었습니다.

간경화를 앓을 때 내가 '부처님께 한번 매달려 봐야겠다.' 하고 네발로 기어서 갓바위에 갔어요. "부처님 제가 아직 아들, 딸 짝을 못 채웠으니 더 욕심 안 내고 짝 찾을 때까지만이라도 저를 걸어 다니게 해주세요."라고요. 부처님이 앉아계신 곳으로 큰 바위가 있어요. 종무소하고 마주 보이는 바위가. 아픈 곳을 거기에 대서 몸이 지탱을 하는 것 같아요. 몸이 안 좋은 후배 하나가 시키는 대로 그곳에 몸을 대니까 바위가 몸을 빨아들이는 것처럼 찡- 하더래요. 주위에 간경화 걸렸던, 친구도 남동생도 다 가고 나만 남았어요. 간암에, 당뇨에, 고혈압에 이렇게 생생하게 돌아다니니 의사도 놀라요. 사람들은 내가 그런 환자라는 걸 믿지를 않아요. 다른 병원 의사가 오진이라고 딴데 가서 재검사 받아보라고 할 정도예요. 이 방면의 권위자인 박사님한테 진단받은 것인데.

반평생을 갓바위 부처님께 의지하여 살아온 강 보살은 스스로의 몸으로서나, 주위 사람들의 변화를 통해서나 부처님의 가피를 수없이 목격해 온 만큼 주저 없이 이렇게 이야기합니다.

함께 다니는 일행 중에 딸만 둘인 부부가 있는데 애기까지 네 식구가 갓바위에 기도를 다녔어요. 근데 부처님이 아들을 주셨어요. 우리 부처님이 주시려면 팍 주셔요. 다른 분들하고 함께 다니다 보면 너무너무 신기하고 재미있어요. 누구네가 갔다 왔는데 뭐가 이루어졌대요, 형님 나 어땠는데 뭘 이루었어

밤의 갓바위 부처님

요, 이러는 거죠. 그러니 갓바위 부처님께 안 반하고 다닐 사람
이 없어요. 아직까지 "에이그, 형님 따라가 봤더니 그 부처님
별 볼 일도 없더구만." 이런 소리는 안 들어 봤어요. 오히려 "그
부처님한테만 갔다 오면 그렇게 좋은 일이 있대." 하는 소리는
들어도. 혼자 가도 되는데 너무 좋은 일에 나 혼자 가면 그게
너무 아까워요. 갓바위에 가서는 부처님 저 왔습니다, 부처님
저 가요, 그리고 절 3배하고 내려가요. 그리고 오면 너무 기분
이 좋고 몸이 가벼워요.

　　강자선화 보살의 말씀에서 우리는 갓바위 부처님께 대한 오랜 믿음의 연륜에서 우러나오는 향기를 느낍니다. 이러한 향기는 아무나 발할 수 있는 것이 아닙니다. 김○○(46세, 전남 나주시) 보살은 아직 많지 않은 나이인데도 벌써 15년 경력의 베테랑 갓바위 기도객입니다.

　　광주 사시는 시댁 할머니가 갓바위를 가셔서 일찍부터 따라다녔어요. 광주에서도 갓바위 부처님 영험하시다는 소문이 나서 많은 사람들이 갑니다. 남편이 자동차 수리를 하는 공업사를 하는데 돈이 좀 들어오면 사고가 터지고 해서 경제 사정이 안 좋았어요. 안 되겠다 싶어 갓바위 가서 백일기도를 드리는데 기도 중에 여러 가지가 보였어요. 달력이 보이기도 하고 돈이 보이기도 하고 부처님 전에 광채가 나기도 하고 그러더니 우환이 없어지고 경제도 풀리더군요.

　　기도 중에 보이는 현상에 대해 너무 구애받을 필요는 없겠지만 지성껏 기도할 때 갓바위 부처님과 무언가 교감이 이루어졌다는 긍정적인 신호 정도로 받아들일 필요는 있겠습니다. 그러나 이러한 현상이 없다고 해서 부처님과 교감하지 않았다고 단정할 일은 물론 아닙니다. 사람마다 감수성이 다르기 때문에 감응하거나 표현하는 방식이 다르다고 이해해야 할 것입니다. 시댁 할머니를 따라 다녔던 김 브살은 8년 전부터 승용차를 손수 운전하여 인근에 사는 분들과 함께 갓바위를 다닌다고 합니다. 그동안 집안에 약간의 문제가 있긴 했지만 부처님 덕택인지 다 해결되어 만족스러워 합니다.

딸아이가 고3인데 한때 방황을 좀 했다가 지금은 마음을 잡고 자기 앞길 잘 가고 있어요. 남편이 공업사 하는 일도 주변에 공업사가 많이 생겨서 걱정을 했는데 수입에 별다른 굴곡 없이 잘 되고 있어요.

김○○ 보살과 같은 기도팀 일행인 김순자(73세, 전남 나주시) 보살도 10년 넘게 갓바위에 다니면서 부처님의 가피를 적지 아니 경험한 분입니다. 건설회사 다니는 사위가 건축사 시험에 계속 떨어지자 딸이 빌어 달라 부탁했다고 합니다. 그때 누가 팔공산 갓바위 가서 부처님께 빌면 소원을 이뤄 준다고 해서 가게 되었다고 합니다. 시험 3일 앞두고 가서 빌었더니 합격하였고 그 후로 집안에 어려운 일이 있을 때마다 가서 빌면 무사하였다고 합니다. 평소 한 달에 한 번씩 찾아뵙고 정월에는 아예 갓바위에서 하룻밤을 새우면서 자손을 위해 기도한다고 합니다. 김 보살은 갓바위 가기 사흘 전부터 비린내 나는 음식을 피하고 소찬만 들 정도로 정성을 다 바친다고 하니 모범적인 불자가 아닐 수 없습니다.

다음에 이야기를 들려 드릴 윤실상화(62세, 부산 사하구) 보살은 꿈에서 부처님이 무언가를 보여 주시는 이른바 몽중가피를 자주 경험한 분입니다. 현재 20년 가까이 갓바위에 다니는 독실한 불자이기도 합니다.

갓바위에 다니는 고향 친구가 있어서 권유하는 말을 듣고 아들 고등학교 때부터 다니기 시작하였습니다. 아들은 원하는 대학에 잘 들어갔습니다. 딸이 결혼할 무렵 좋은 남자 만나게 해달라고 기도했는데 부처님이 남자 인기 탤런트로 변신해 나타나셔서 이렇게, 저렇게 해라 하시는 꿈을 꾸더니 과연 좋은 사위를 얻었습니다.

윤 보살의 꿈은 상당히 재미있습니다. 인기 탤런트가 누구인가 물어보았더니 다름 아닌 최불암 씨였다고 합니다. 아마 평소 최불암 씨 팬이었던 모양입니다. 그녀의 몽중가피는 이에 그치지 않습니다.

딸이 결혼 후 딸만 하나 낳고 아들을 낳고 싶었으나 10년 동안 아기를 못 가졌습니다. 저도 빌고 딸 내외도 1주일에 한 번씩 열심히 다니며 빌었더니 어느 날 부처님이 하얀 큰 돼지를 안고 계시는 꿈을 꾸었는데 그 후 아들을 낳았습니다.

윤실상화 보살은 20년을 한결같이 갓바위 부처님께 기도드린 덕택으로 집안 식구들이 건강하고 사고 없이 평안하게 지내는 것을 최고의 행복으로 여기며 살고 있습니다. 그러면서 부산에서 같이 갓바위 가는 차를 탔었던 암에 걸린 한 아주머니에 대해 말해 주었습니다. 말기 암으로 병원에서 불치 판정을 받은 그 아주머니는 여러 절에 기도를 다니다가 마지막으로 갓바위 부처님을 뵈러 간다고 하길래 거기서 오래 동안 묵으면서 기도드리라고 권유했답니다. 나중에 절에 있는 분으로부터 그 아주머니가 갓바위에서 기도한 후 완치 판정을 받았다는 소식을 들었다고 이야기해 주는데 그 분의 기도와 치유의 과정을 직접 확인해서 전하지 못하는 것이 아쉽습니다.

갓바위 부처님의 영험과 이적에 대해서는 앞에서 소개드린 분들 이외에도 전국 각처에서 많은 분들이 증언을 해주셨습니다. 가령 홍○○(59세, 경기 산본시) 보살은 늦둥이 아들이 사춘기 때 여자 친구 때문에 공부 안 하고 속을 썩였다고 합니다. 주위의 동생들이 갓바위 부처님께 한번 가보라고 권유해서 처음 가게 되었는데 첫날 부처님을 뵙자 눈물을 펑펑 쏟았다고 합니다. 그때 불국토 보살의 따뜻한 위로가 너무 고마웠다고 하면서 전문대 갈 것으로 생각했던 아이가 친구들은 다 떨어졌는데 혼자 4년제 국립대에 합격했다고 합니다. 기도드릴 때 부처님께 약조하기를 몸이 성할 때까지는 무슨 일이 있어도 한 달에 한 번은 꼭 찾아뵙겠다고 했는데 지금까지 8년간 지켜오고 있다고 합니다. 자식을 향한 홍 보살의 한없는 모정에 갓바위 부처님께서 감응하신 것이 아닌가 생각됩니다.

김여해영(76세, 충북 청주시) 보살도 한때 가정에 우환이 잦아서 갓바위 부처님께 기도를 드리고 가피를 얻은 경우입니다. 큰아들이 교통사고로 숨지고 시동생이 젊어서 죽는 등 집안에 안 좋은 일이 계속 있었다고 합니다. 꾸준히 갓바위에 다니며 기도드린 결과 더 이상 문제가 생기지 않고 마음이 안정을 되찾았다고 합니다. 자식들도 잘 되어서 그중에는 유명한 대기업의 CEO로 활약하는 아들도 있다고 합니다.

한서대학교의 도학회(53세, 대전 유성구) 교수는 최근 선본사 윗절의 약사여래 범종을 제작하는 막중한 불사에 참여하면서 입은 큰 가피에 대해 다음과 같이 고백합니다.

웃절 상단 유리광전의 갓바위 부처님 3천불

　　종을 만들기 전에 몇 번 꿈을 꾸었는데 현재 종이 들어설 자리인 웃절 삼성각 쪽이 계속 보이는 겁니다. 종 제작을 의뢰받고 장소를 결정하고 나서야 '그 꿈이 종 자리를 미리 알려준 것이었구나!' 하는 생각이 들었죠. 사라진 한국의 전통 주조 방식을 재현하여 우리 범종을 만드는 역사적인 일에 참여했으나 실패 확률이 높은 작업이어서 갓바위 부처님께 진심으로 기원하며 매달렸습니다. 정결한 생활을 하고 제작 기간 내내 거의 매주 갓바위에 가서 기도드렸습니다.

　　그런데 종의 틀에 쇠를 주입할 때 거푸집 안에서 부글부글

완성된 연화범종

끓는 소리가 나서 매우 걱정을 하였습니다. 이럴 경우 실패하는 경우가 많거든요. 잠시 후 거푸집을 뜯어 보니 성공이었습니다. 종의 표면은 기름칠 한 것처럼 매끄러웠고 소리는 맑고 청아하였습니다. 마침내 전통 주조 방식에 의한 한국 범종의 제작이 해방 이후 처음 성공한 것입니다. 어느 모로 보나 실패 확률이 높은 시도가 부처님의 가피 덕택에 성공으로 귀결된 것입니다.(19)

그런데 도 교수에게 있어서 성공은 범종 불사뿐만이 아니었습니다.

　공교롭게도 범종 제작 기간과 고3 아들의 입시 기간이 겹쳐 있었습니다. 아들은 평소 공부를 잘했는데 중간에 본 시험의 성적이 부진해서 원하던 의대 진학이 장담을 못하는 처지에 있었습니다. 수능시험 날 밤 아내가 꿈을 꾸었는데 아들이 좁은 다리에서 떨어지려고 하는 찰나 어디서 큰 손이 나타나 아들을 꼭 잡더랍니다.

　아들은 예비후보로까지 밀려난 위태로운 상황에서 결국 합격의 기쁨을 안게 되었습니다. 꿈에서 나타나 떨어지는 아들을 꼭 잡았던 손이 바로 갓바위 부처님의 손이 아니었던가 싶습니다.

　정말 신기하고 묘한 꿈입니다. 꿈속에서 다리 아래로 떨어지려는 상황은 현실에서 예비후보로까지 밀린 상황과 너무도 일치합니다. 아마 갓바위 부처님은 범종 불사에 진력하느라 아들 입시에 마음 쓰기 어려웠던 도 교수에게 특별한 자비를 베푸신 듯합니다. 도 교수 가족으로서는 실로 감동의 순간이 아닐 수 없습니다.

　갓바위 인근의 사찰인 불담사에서 기도객들에게 무료로 배포한 간략한 부처님 관련 설명 자료에도 두어 가지 감동적인 가피 사례가 실려 있습니다. 여기에 그중의 한 이야기를 그대로 옮겨 보겠습니다.

 지난 1987년의 일이다. 당시 대학교에 다니던 딸이 어느 날 갑자기 다리가 마비되고 말았다. 조금만 있으면 졸업해서 시집을 가야 할 텐데 반앉은뱅이 신세가 되다니 기가 막힐 일이었다. 용하다는 병원, 한의원을 쫓아 다녔으나 모두 허사였다.

임 보살은 이제 부처님께 매달리는 수밖에 없다고 생각했다. 갓바위 부처님이 영험하다는 말을 들은 임 보살은 즉시 딸을 들쳐 업고 팔공산으로 향했다. 그러나 갓바위까지 올라가는 것은 쉬운 일이 아니었다. 생각 끝에 사람을 사서 딸을 지게에 앉혀 올라갔다. 약사여래불 앞에 딸을 앉힌 임 보살은 떼를 쓰듯 억지를 쓰듯 딸의 다리를 낫게 해달라고 부처님께 빌었다. 그 어렵다는 3천배가 힘든 줄도 몰랐다. 절하는 내내 눈물만 쏟아질 뿐이었다. 절이 끝나자 임 보살은 긴장이 풀린 듯 탈진하고 말았다. 간신히 고개를 들어 부처님을 쳐다보았다. 부처님은 여전히 미소만 짓고 있었다. 순간 '이 부처님도 영험이 없는 건가?' 하는 생각이 들었다.

바로 그때였다. 임 보살의 옆구리를 뭔가 툭툭 치는 것이 느껴졌다. 마비되었던 딸의 다리가 풀리고 있었던 것이다. 환희에 찬 임 보살은 무수히 절을 했다. 업혀 올라갔던 임 보살의 딸은 부축을 받으며 걸어 내려왔다. 그 후 집에서 꾸준히 약사여래불 정근을 하였다. 딸의 다리도 정상으로 돌아왔다.

백약이 무효했던 딸의 마비된 다리가 풀리는 그 순간 임 보살의 감동과 기쁨은 어떠했을까요? 자비로우신 갓바위 부처님은 이처럼 지극정성으로 기원하는 중생들에게 반드시 기적을 선물하십니다. 이것은 우리가 지금까지 읽어 온 여러 사례들로 분명히 증험된 사실입니다. 이 책의 사례들은 그야말로 천여 년 동안 갓바위 부처님이 지어 내신 영험과 이적 이야기의 극히 작은 일부에 불과한데도 말입니다.

위에서 열거한 이야기들은 모두 저자가 직접 여러 보살님, 처사님으로부터 구술 받아 녹취한 내용을 풀어 쓴 것입니다. 그 분들은 갓바위 부처님의 무량한 자비를 널리 펼친다는 취지에 공감하여 자신들의 가피 체험을 책으로 공개하는 일에 기꺼이 동의하였습니다. 이 자리를 빌어 〈꼭 들어주신 한 가지 소원 이야기〉라는 초유의 책 불사에 동참해 주신 여러 보살님, 처사님께 다시 한 번 깊은 감사를 드립니다.

살아있는 신화, 갓바위 부처님의 영험과 이적 이야기는 지금도 생성중이며 앞으로도 정성을 다 바치는 불자들이 있는 한 끊이지 않을 것입니다.

3. 선본사는 어떠한 절인가요?

1) 신라의 천년 고찰

갓바위 부처님을 뵈러 갈 때면 꼭 들러야 하는 절이 선본사입니다. 선본사는 갓바위 부처님이 계시는 관봉 아래쪽 계곡에 고즈넉이 자리 잡고 있습니다. 오늘날 갓바위 부처님을 직접 모시는 절로서 유명한 선본사는 팔공산에 위치한 여러 고찰들과 마찬가지로 긴 역사를 자랑하고 있습니다. 〈선본암중수기문(禪本庵重修記文)〉이라는 문헌 자료에 의하면 신라 소지왕(炤知王) 13년(491)에 극달(極達) 화상이라는 스님이 이 절을 창건하였다고 합니다. 극달 화상은 또한 팔공산의 큰 절인 동화사(桐華寺)를 창건한 스님으로도 알려져 있습니다.

이러한 창건설은 전설일 뿐 확실한 근거가 있는 것은 아닙니다. 학자들은 신라가 불교를 공인한 것이 법흥왕(法興王) 14년(527)의 일이므로 연대가 맞지 않는다는 이유를 들어 이 전설을 의심하기도 합니다. 실제로《삼국유사》를 보면 흥덕왕(興德王) 7

선본사 전경

년(832)에 심지(心地)라는 스님이 동화사를 창건한 것으로 기록되어 있고 현재 남아 있는 선본사의 가장 오래된 유물인 3층 석탑이 경주 불교문화의 직접적인 영향하에 8세기 경 성립된 것으로 보는 시각이 지배적이니 만큼 선본사의 창건 연대를 5세기인 소지왕 때로 보는 것은 무리일지 모릅니다.

그러나 신화나 종교적 전설은 역사적 기록이나 과학적 사실을 들어 진짜냐 가짜냐를 판단하기 어렵다고 봅니다. 예컨대 고구려에 도교가 들어온 시기가 《삼국사기》에 의하면 영류왕(榮留王) 7년(624)이지만 실제로 고구려 고분 벽화를 보면 그보다 몇백 년 전인데도 학을 탄 신선 그림이 나오곤 합니다. 그러므로 우리는 적어도 극달 화상이라는 분이 역사 기록보다 이른 시기에 선본사 창건을 위해 주도적 역할을 했을 가능성을 배제할 수 없습니다.

다시 〈선본암중수기문〉에 의하면 선본사는 신라 때 극달 화상이 창건한 이후 천여 년의 세월이 흘러 조선 인조(仁祖) 19년 (1641)에 수청(秀廳) 화상이 중창(重創)하였다고 합니다. 중창하였다는 것은 신라 이후 어느 시기부터 인조 이전까지 선본사의 건물이 몹시 퇴락(頹落)하였다는 것을 의미합니다. 아마 임진왜란이나 병자호란 같은 큰 전란을 거치면서 선본사가 폐사의 지경에 이르렀던 것을 인조 때에 수청 화상이라는 분이 다시 일으켰을 것입니다. 그 후 선본사는 영조(英祖) 42년(1776)에 기성(箕成) 화상, 순조 20년(1820)에 운암(雲岩) 화상, 고종 14년(1877)에 낙허(樂虛) 화상 등의 중건(重建)을 거쳤다고 합니다. 선본사는 이들 스님의 중건을 이어 근대 이후에도 여러 차례의 신축과 증축, 수리 등을 거쳐 지금의 모습을 지니게 되었습니다.

과거의 기록을 보면 선본사가 선본암으로 불리었으니만큼 규모도 지금보다 크지 않았을 것으로 추측됩니다. 따라서 선본사는 조선 시대 이후 인근의 큰 절인 은해사(銀海寺)의 말사로 존재해 왔습니다. 그러다가 1994년에 비로소 대한불교 조계종 총무원 직할 사찰로 지정된 이후 갓바위 부처님이 좌정하신 자리 아래 명실상부한 한국불교 약사신앙의 중심 도량으로 각광을 받고 있습니다.

2) 본절과 웃절의 전각들

淸晨入古寺, 맑은 새벽 옛 절에 드니

初日照高林. 아침 햇살 높은 숲 위로 비치네.

竹徑通幽處, 대나무 숲길은 그윽한 곳으로 통하고

禪房花木深. 선방 언저리엔 꽃나무 우거졌네.

山光悅鳥性, 산 빛에 새들은 즐겁게 조잘대고

潭影空人心. 못에 비친 그리매에 마음이 가라앉네.

萬籟此俱寂, 모든 소리 다 멎어 고요한데

惟餘鐘磬聲. 오로지 쇠북 소리 여운만 감도네.

당나라 시인 상건(常建, 708~765)이 지은 〈파산사 뒤꼍의 선방에 부쳐(題破山寺後禪院)〉라는 시입니다. 산사의 고적하고 아름다운 풍경을 잘 그려냈습니다. 아마 조선 시대에 선본암이었던 시절 팔공산 계곡 깊숙이 들어앉은 옛 선본사의 풍경이 이러했을 것입니다. 그 시절 맑은 계류(溪流)를 옆으로 하고 갓바위 부처님을 향한 서남향 언덕에 오롯이 자리했던 선본사는 세속으로부터 멀리 떨어진 호젓한 암자이었음에 틀림없습니다. 오늘의 선본사는 비록 풍경은 달라졌지만 한 해 수백만 명의 기도객들이 붐비는 성지를 관리하는 주체로서 막중한 소임을 다하고 있습니다.

선본사는 공식적으로 경상북도 경산시 와촌면 대한리 587번지에 소재하고 있으며 산기슭에 위치한 본절과 관봉 근처에 있는 윗절로 크게 나뉩니다. 본절은 스님들의 수행 공간이자 본부로서 절의 제반 업무와 살림을 맡아보고, 윗절은 갓바위 부처님을 직접 모시는 일을 담당하고 있습니다. 이제 선본사를 본절과 윗절로 나누어 주요 전각들을 중심으로 설명하면 다음과 같습니다.

본절

잘 알려져 있듯이 갓바위 부처님으로 향하는 큰 길은 경산 방면과 대구 방면의 두 가지 길이 있습니다. 선본사는 경산 방면에서 오르는 산 중턱에 자리 잡고 있습니다. 버스가 회차하는 마지막 주차장 입구에 '해동제일기도성지(海東第一祈禱聖地)'라는 현판이 걸린 우람한 일주문(一柱門)을 지나서 오른쪽 언덕길로 올라가면 선본사 본절 경내로 진입하게 됩니다. 본절 마당 정면 둔덕에 높게 자리한 청기와 전각이 이 절의 금당인 극락전(極樂殿)입니다. 우선 전각을 바라보면 네 기둥에 씌어 있는 주련(柱聯)이 눈길을 끕니다.

極樂堂前滿月容, 극락전 앞의 보름달같이 환한 얼굴,

玉毫金色照虛空. 미간과 법신의 찬란한 광채가 허공을 비추네.

若人一念稱名號, 만약 한 가지 마음으로 그 이름을 염하면,

본절의 극락전

頃刻圓成無量功. 순식간에 무량한 공덕을 원만히 이루리.

이 시는 새벽 종송(鐘頌)에서 아미타(阿彌陀) 부처님을 찬양하는 찬불게(讚佛偈)입니다. 보름달 같은 얼굴의 주인공은 곧 극락세계를 주재하시는 아미타 부처님이십니다. 이 시는 아미타 부처님께 진심으로 귀의하면 반드시 극락세계에 갈 수 있다는 확신을 잘 표현하고 있습니다. 정면의 주련에 이어 3면의 벽을 보면 석가모니 부처님이 탄생하시어 열반에 드시기까지의 일생을 그린 팔상도(八相圖)가 벽화로 그려져 있습니다. 다시 법당 안으로 들

아미타불과 후불탱화

어가 보면 중앙에 아미타 부처님을 본존으로 지장보살과 관음보
살이 옆에서 모시고 있는 것을 볼 수 있습니다. 그리고 부처님 뒤
에 후불탱화(後佛幀畵)가 그려져 있으며, 그 외에도 법당 안에는
칠성탱화(七星幀畵), 신중탱화(神衆幀畵), 관음보살도(觀音菩薩圖),
문수보살도(文殊菩薩圖), 보현보살도(普賢菩薩圖) 등의 탱화가 봉
안되어 있습니다.

극락전을 나와 오른편을 보면 산신각(山神閣)이 있습니다. 이
전각은 옛날의 '산령각(山靈閣)'을 헐고 새로 지은 것입니다. 산
신각 안을 들여다보면 석가모니 부처님이 탄생하시기 전에 홀로

본절의 산신각

수행하여 도를 깨친 나반존자(那般尊者)와 호랑이를 어루만지고 계시는, 우리에게 친숙한 산신령을 그린 탱화들이 보입니다. 과거에는 산신각의 양쪽 외벽에 두 폭의 흥미로운 그림이 있었다고 합니다. 한쪽 벽에는 한 스님이 호랑이를 타고 있는 그림이 그려져 있었는데 이것은 철종 때 경상도 예천(醴泉)의 도효자(都孝子) 이야기와 관련된 그림이었다고 합니다. 가난하지만 효심 깊은 도씨 청년은 병석에 누운 어머니가 여름에 홍시를 먹고 싶다고 하여 감나무 숲을 헤맸지만 찾을 수 없었습니다. 그때 호랑이가 나타나 도씨를 등에 태우고 홍시를 굴속에 저장해 둔 집에 데려다

나반존자

산신

본절의 선본사 종무소

주어 그것을 얻을 수 있었고 홍시를 먹은 어머니는 병이 나았다고 합니다. 다른 한쪽 벽에는 한 스님이 석장(錫杖)을 쥔 채 바위를 타고 바다를 건너는 그림이 그려져 있었는데 이것은 석가모니 부처님 이전 시대의 성인인 예류성자(預流聖者) 이야기와 관련된 그림이었다고 합니다. 예류성자가 배를 타고 바다를 건너다 폭풍을 만나 배가 파선되어 작은 섬에 표착했는데 거기서 일심전념으로 관세음보살 명호를 외웠다고 합니다. 그랬더니 용왕이 섬을 배로 변하게 하여 예류성자는 그것을 타고 바다를 잘 건널 수 있었다고 합니다. 훌륭한 스토리를 지닌 이 두 그림이 산신각을 개

본절의 선정루

축하는 과정에서 없어진 것은 아쉬운 일입니다.

이제 극락전 계단을 내려오면 마당 오른편에 선방(禪房) 건물이 있고 왼편으로 요사(寮舍)가 보입니다. 조선 말기에 지어진 것으로 추정되는 선방어는 선방 이외에 공양간이 있고 대중공양실이 있습니다. 요사에는 스님들이 거처하는 방 이외에 선본사 종무소(宗務所)가 있는데 이곳에서 선본사의 제반 업무를 총괄하고 있습니다.

마당을 가로질러 내려오면 계곡이 내려다보이는 곳에 범종이 있는 범종각(梵鐘閣)인 선정루(禪定樓)가 있습니다. 선정루의 계

웃절 하단의 삼성각

단 양쪽 벽에는 험상궂은 사천왕상(四天王像)을 그려 놓아 절 밖에서 보게 되면 선정루는 절로 진입하는 사천왕문과 같은 역할을 하기도 합니다. 범종은 그리 오래지 않은 1988년에 조성되었다고 합니다.

웃절

본절에서 주차장으로 내려와 계류에 걸친 금륜교(金輪橋)를 건너 갓바위 부처님으로 향하는 산길을 한참 오르면 끝없이 이어지는 계단을 밟는 데 힘이 부쳐 여긴가 저긴가 싶을 때 문득 위쪽으

웃절 하단 삼성각 안의 용왕

로 큰 건물의 자태가 나타납니다. 이곳이 웃절의 첫 관문인 하단입니다. 웃절은 관봉 존상의 갓바위 부처님으로부터 떨어진 정도에 따라 상단, 중단, 하단의 세 구역으로 나뉘어 있는데 산 아래로부터 올라갈 때 맨 처음 당도하는 곳이 하단입니다.

　하단 경내로 들어서면 산비탈 바위에 조성된 큰 전각인 삼성각(三聖閣)이 보입니다. 이 전각에는 칠성각(七星閣), 산신각, 용왕각(龍王閣), 수각(水閣)이 함께 모여 있습니다. 전각의 가운데에 칠성각이 자리하고 그 밑에 수각이 있으며 좌우로 산신각과 용왕각이 있는데, 각 불단의 뒤쪽에 칠성탱(七星幀), 산신탱(山神幀),

웃절 하단의 범종루

용왕탱(龍王幀) 등의 탱화가 봉안되어 있습니다. 아울러 용왕탱 측면 벽에는 한 폭의 신중탱화가 걸려 있는데, 선본사에 소장되어 있는 탱화들 중 가장 이른 시기에 조성된 것이라고 합니다.

기도객들이 볼 때 큰 전각 오른편으로 최근에 제작한 일명 '갓바위 약사여래 연화범종'이 있는 범종루가 있습니다. 이 범종은 국내 최초로 전통적인 주조(鑄造) 방식을 재현하여 제작되었기에 상당한 의미를 지니고 있습니다.

다시 큰 전각 맞은편에는 큰 요사가 있습니다. 이 건물은 하단

웃절 하단 대중공양실의 조왕신

아래쪽에서 보면 3층으로 되어 있는데 1층과 2층은 절에서 수고하는 처사들의 거처 및 욕실, 식당 등이 있는 곳입니다. 3층은 하단의 마당에서 보면 1층인데 스님들의 거처와 대중공양실로 이루어져 있습니다. 본절의 공양간과 대중공양실도 그러하지만 이곳 하단의 대중공양실 정면 벽에는 부처님이 아닌 조왕신(竈王神)의 화상이 걸려 있습니다. 조왕신은 부엌신, 부뚜막신이라고도 하는데 불을 맡아보고 부엌을 지켜주었던 우리 민간의 신이기도 하고 도교의 신이기도 합니다. 칠성신과 산신도 조상들이

웃절 중단의 대웅전

옛날부터 섬겨 왔던 신들로서 이들 신이 절에 모셔져 있는 것은 불교가 우리의 토착 신앙을 배척하지 않고 조화롭게 포용하고 있는 것을 보여 줍니다.(20) 하단에는 이 밖에도 스님들과 처사들을 위한 몇 채의 요사가 있습니다.

하단에서 조금 계단을 통해 올라가면 중단 구역입니다. 중단 초입 왼쪽에는 웃절의 업무를 처리하는 웃절 종무소가 있고 오른쪽에는 죽은 영아의 혼령을 위안하는 지장보살님을 모신 애자모 지장굴이 있습니다.

웃절 종무소 건물을 끼고 조금 올라가면 크지 않은 마당이 나

웃절 중단 대웅전의 석가모니 부처님

타나고 건물의 2층에 세운 다담한 전각이 보이는데 그것이 바로 웃절의 대웅전(大雄殿)입니다. 대웅전의 바깥 3면에는 갓바위 부처님을 조성했다고 전해지는 의현 화상의 일대기가 그려져 있습니다. 전각 안으로 들어서면 항마촉지인을 하신 석가모니 부처님이 독존(獨尊)으로 계십니다. 그리고 부처님 후면으로는 후불 탱화를 비롯 나한도(羅漢圖), 신중도(神衆圖) 등의 탱화가 걸려 있습니다. 아울러 왼쪽 벽에는 팔공산의 개산조(開山祖)이자 선본사를 창건했다고 전해지는 극달 화상의 진영(眞影)이, 오른쪽 벽에는 의현 화상의 진영이 각기 걸려 있어 전설적인, 그러나 이

극달 화상 진영

의현 화상 진영

웃절 중단의 만불대원탑

곳의 성립에 아주 중요한 인물인 두 분의 존재감을 분명히 느끼게 해주고 있습니다.

대웅전을 나서면 앞마당에 세운 지 얼마 안 되는 화강암 3층 석탑이 한눈에 들어옵니다. 만불대원탑(萬佛大願塔)으로 명명된 이 탑은 국보인 감은사지(感恩寺址) 3층 석탑을 본떠 국가부흥과 동북아 안정, 나아가 세계평화를 위하여 조성되었다고 합니다. 놀라운 것은 탑 속에 만 굴의 갓바위 부처님 동제(銅製) 소상(小像)을 봉안하였고, 부처님 진신사리(眞身舍利) 10여 과(顆), 팔만대장경 희귀인경본(稀貴印經本) 80여 권 등을 복장(腹藏)하였다는

웃절 상단의 유리광전

사실입니다. 많은 기도객들이 갓바위 부처님을 뵙기 전후 이 탑을 돌며 소원을 비는 모습을 볼 수 있습니다.

중단 마당을 거쳐 다시 산길로 오르면 갓바위 부처님이 좌정해 계시는 관봉 정상 곧 상단 구역입니다. 상단 초입에 약사여래 부처님을 모신 유리광전(琉璃光殿)이 있는데 이곳에서는 갓바위 부처님의 동제 소상 3천불을 봉안하고 있습니다. 마침내 정상에 이르면 갓바위 부처님의 웅자가 나타납니다. 그 아래에는 지붕을 얹은 80평 정도의 대지가 펼쳐져 있으며 기도 접수처와 공양물 접수처가 있습니다. 상단 정상에서 다시 대구 방향으로 하산하는 길목에는 각종 기념품, 서적 등을 파는 가게인 불연각(佛緣閣)이 있습니다.

3) 우수한 석조문화 유산

선본사는 비록 천년 고찰이지만 현재 있는 전각들이나 소장 물품들은 대부분 근대 이후 특히 1980년대 이후에 조성된 것들이어서 아직 문화재로서의 가치를 논하기에는 연륜이 부족하다 할 것입니다. 다만 관봉석조여래좌상, 곧 갓바위 부처님과 선본사 3층 석탑, 본절의 불상 대좌(臺座)와 석등(石燈) 부재(副材), 웃절 하단의 신중탱화, 승탑(僧塔) 등은 멀리 통일신라 시대로부터 조선 말기에 이르는 시기 사이에 이루어진 소중한 문화유산입니다. 이들 유물은 현재 전설에만 의존하고 있는 선본사의 창건 연대를 밝히는 데 있어 결정적인 자료이기도 합니다. 관봉석조여래좌상에 대해서는 이미 앞에서 자세히 이야기하였으니 생략하고 여기에서는 나머지 4종의 주요 유물에 대해 소개하고자 합니다.

선본사 3층 석탑

선본사 본절을 내려와 주차장에서 금륜교를 건너 갓바위 부처님 방향으로 조금 올라가다 오른쪽 숲길로 들어서면 10평 남짓

선본사 3층 석탑

한 대지에 우뚝 서 있는 고탑(古塔)을 볼 수 있습니다. 선본사 본
절과 갓바위 부처님이 계시는 관봉 정상 사이의 중간쯤 되는 산
록에 위치한 이 탑이 경상북도 유형문화재 제115호로 지정된 이
른바 '선본암 3층 석탑'입니다. 이 탑은 처음 발견되었을 때 도굴
된 흔적이 역력했고 탑신(塔身)이 무너진 상태였는데, 1979년에
지금과 같은 모습으로 복원하였다고 합니다. 선본사 3층 석탑은
기단(基壇)의 구성 방식, 옥개석(屋蓋石) 물끊기 홈의 존재 여부,
높이와 너비의 비례적 측면 등을 고려해 볼 때 경주의 석탑 양식
에서 영향을 받아 8세기 중·후반에 건립되었을 것으로 추정됩니
다. 이것은 선본사 3층 석탑이 팔공산 일대의 석탑 가운데에서

본절의 석등 하대석

가장 이른 시기에 조성되었음을 의미한다고 합니다. 근처에는 석등의 대좌 등이 흩어져 있는데 이것들도 연화문(蓮花文)의 조각 방식 등으로 보아 석탑과 비슷한 시기에 만들어졌을 것으로 보고 있습니다.(21)

석등 부재

선본사 본절 극락전 앞 계단 좌우에 석등 하대석(下臺石) 2기와 그 위에 놓인 석등 간주석(竿柱石) 2기가 있습니다. 하대석은

본절의 불상 대좌

연화문의 모양으로 조각되어 있고 간주석은 8각으로 되어 있습니다. 이것들은 본래 석등을 받치고 있던 부재들로서 연화문의 조각 방식 등으로 보아 대체로 8~9세기 경의 작품으로 추정됩니다.(22)

불상 대좌

선정루 계단을 통해 선본사 본절 경내로 들어서면 오른편 축대 끝에 부처님을 모셔 놓기 위한 대좌가 놓여 있습니다. 대좌는 8각형으로 연화문이 조각되어 있고 밑에 대좌 받침이 있습니다. 연화의 형태 등으로 보아 불상 대좌는 통일신라 시대에 조성된 것으로 보고 있습니다.(23)

웃절 하단 삼성각 안의 신중팅화

신중탱화

선본사 웃절 하단의 삼성각 안 용왕탱 측면 벽에 불교의 호법
신인 제석(帝釋), 천룡(天龍) 및 그들의 권속을 그린 신중탱화가
걸려 있습니다. 신장들의 모습이 상황에 맞게 정적 혹은 역동적
으로 잘 그려져 있고 구도도 짜임새 있는 뛰어난 그림으로 평가
됩니다. 그림 아래의 화기(畵記)에 의하면 조선 순조 2년(1802)

 금어는 불교 그림을 그리는 스님 중
에서 뛰어난 분을 이르는 말입니다. 선본사의 신중탱화는 신중탱
화로서는 오래된 편이고 작품으로도 우수하여 그 가치가 많은 주
목을 받고 있습니다.(24)

승탑

승탑은 부도라고도 하며 덕이 높은 스님의 사리나 유골을 봉
안한 탑입니다. 선본사 북서쪽 산기슭에는 주인을 알 수 없는 승
탑이 1기 있습니다. 이 승탑은 기단부, 탑신부, 상륜(上輪)의 세
부분으로 구성 되어있는데 탑신이
둥근 형태인 원구형(圓球形)으로 조
선 후기 승탑의 일반적인 모습을 보
여준다 합니다. 조각기술, 표현양식
등으로 미루어 대략 17세기 중반에
제작된 것으로 보고 있습니다.(25)

승탑

4. 갓바위 인근의 환경과 시설

1) 동화사, 은해사 등의 명승고적

갓바위 부처님이 자리하고 계시는 팔공산 일대는 옛날부터 명산으로 이름난 곳인데다 신라 시대에 경주 불교문화의 영향을 직접 받아 사찰과 불탑 등 가치 있는 유적과 유물이 많은 곳입니다. 갓바위 부처님께 참배하러 오는 길에 여유 있을 때 인근의 명승고적까지 답사할 수 있다면 문화재를 보는 지식과 안목을 넓힐 수 있을 뿐만 아니라 풍광 좋은 산천을 대하면서 마음도 한결 여유로워 질 수 있을 것입니다. 팔공산 일대는 역사적으로 불교문화가 발달한 곳이니 만큼 여기서는 이 지역의 유서 깊고 명망 있는 사찰들을 중심으로 이야기를 전개하고자 합니다.

동화사(桐華寺)

누가 뭐라 해도 팔공산 지역에서 가장 널리 알려진 큰 절은 이 산의 남쪽 기슭에 위치한 동화사(桐華寺)입니다. 아닌 게 아니라 동화사는 현재 대구광역시와 4개 군의 사찰과 암자를 관장하는 대한불교 조계종 제9교구 본사이기도 합니다. 동화사는 신라 소지왕 15년(493)에 극달 화상이 유가사(瑜伽寺)라는 절 이름으로 창건하였다고 합니다. 이 분은 앞서 살펴보았듯이 선본사를 창건한 스님이기도 합니다. 유가사는 그후 흥덕왕 7년(832)에 심지(心地) 대사에 의해 중창되었는데 당시 한 겨울에 오동나무 꽃이 아름답게 피어 동화사라는 이름으로 바꿨다고 합니다. 학자들은 이 심지 대사라는 분이 사실상 동화사를 창건한 것으로 보고 있습니다. 그런데 심지 대사는 동화사 창건과 관련하여 신비한 이야기를 남기고 있습니다. 심지 대사가 속리산의 영심(永深) 대사로부터 어렵사리 불골간자(佛骨簡子), 즉 부처님의 뼈로 만든 패쪽을 얻어 팔공산에 오니 산신들이 나와서 맞이하였고 대사는 그들과 함께 성물(聖物)을 모실 터를 잡았다고 합니다. 그때의 일을《삼국유사》에서는 다음과 같이 말하고 있습니다.

심지가 말하였다. "이제 적당한 땅을 가려 부처님의 간자를 모시려 하는데 우리들만이 정할 수 없으니 세 분과 함께 높은 곳으로 올라가 간자를 던져 점을 쳐봅시다." 산신들과 함께 산꼭대기에 올라가 서쪽을 향해 간자를 던지자 간자가 바람에 날려갔다. 이때 산신이 노래를 이렇게 지어 불렀다. "막혔던 바위

가 멀리 물러서니 (땅이) 숫돌처럼 평탄해지고, 낙엽이 날아 흩어지니 앞이 밝아진다. 부처님 뼈의 간자를 구해 얻어, 정결한 곳에 맞이하여 정성스레 바친다." 노래를 마치고 간자를 숲속 샘에서 찾아 즉시 그 땅에 불당을 지어 모셨다. 지금 동화사 첨당(籤堂) 북쪽에 있는 작은 우물이 바로 그곳이다.(26)

심지 대사가 팔공산 산신들과 더불어 불골간자를 모실 터를 찾았다는 이 전설은 동화사 창건설을 뒷받침함과 동시에 우리에게 한 가지 중요한 사실을 알려줍니다. 즉 이 책의 앞 부분에서도 이야기한 바 있지만 불교가 토착신앙을 조화롭게 포용하면서 이 땅에 뿌리를 내렸다는 사실입니다. 이것이 오늘날까지도 절에 산신각이 남아 있는 이유입니다.

아무튼 동화사는 극달 화상, 심지 대사 등의 창건 이후 고려의 보조국사(普照國師) 지눌(知訥), 조선의 사명당(四溟堂) 유정(惟政) 등 저명한 스님들에 의해 8차례의 중창을 거쳐 오늘에 이른 유서 깊은 절입니다. 동화사의 대웅전, 극락전, 천태각(天台閣), 봉서루(鳳棲樓), 조사전(祖師殿) 등 주요 전각들은 대부분 조선 숙종, 영조 시기에 건립되었다고 합니다.

동화사의 동편 일주문인 봉황문(鳳凰門)은 팔공산 계곡에 위치한 이 절이 마치 봉황새가 알을 품고 있는 듯한 천하 경당의 형국

동화사 봉서루

이라고 하여 붙여진 이름이라고 합니다. 그렇기도 하지만 봉황새
는 오동나무에 깃들인다는 전설 때문에 오동나무 꽃의 이름을 지
닌 동화사에서 봉황새가 특별한 의미를 지니기도 할 것입니다.
재미있는 것은 '봉황새가 깃든 누각'이라는 의미를 지닌 봉서루
계단 앞 봉황새의 꼬리에 해당하는 곳에 넓은 자연석이 놓여 있
고 그 위에 둥근 돌 세 개가 있는데 봉황새의 알을 상징한다고 합
니다. 사람들은 이 돌을 만지면 소원성취할 수 있다고 말합니다.
봉서루 뒤편에는 '영남치영아문(嶺南緇營牙門)'이라는 현판이 있
는데 이것은 '영남의 승병 사령부'라는 뜻입니다. 다름이 아니라

동화사 조사전의 사명대사 진영

조사전에는 당시 왜병을 무찔렀던 사명 대사의 위엄 있는 모습이 담긴 진영이 있습니다. 사명 대사 이외에도 극달 화상, 보조국사 지눌 등 이 절을 이끌었던 역대 고승들의 진영이 조사전에 보존되어 있습니다.

1,500여 년이라는 장구한 역사만큼 수많은 스토리를 안고 있는 동화사는 무엇보다도 소중한 불교문화재의 보물창고라 할 만합니다. 주요 문화재만 들어도 동화사 입구 마애불좌상(보물 제243호), 당간지주(幢竿支柱, 보물 제254호), 수마제전(須摩提殿, 대구 문화재자료 제16호), 사명 대사 진영(대구 문화재자료 제26호), 팔공산 마애약사여래좌상(대구 유형문화재 제3호), 대웅전(대구 유형문화재 제10호), 극락전(대구 유형문화재 제11호), 부도군(대구 유형문화재 제12호) 등, 헤아리기 어려울 정도입니다.

본사뿐만 아니라 산내 암자에도 많은 문화재가 보존되어 있습니다. 비로암(毘盧庵)의 석조비로자나불좌상(보물 제244호)과 3층 석탑(보물 제247호)을 비롯하여 금당암(金堂庵)의 3층 석탑(보물 제248호), 가장 높은 곳에 위치한 염불암(念佛庵)의 마애약사여래 좌상과 보살좌상(대구 유형문화재 제14호) 등이 그것입니다.

　팔공산 일대는 일찍이 신라 시대부터 마애약사여래불이 곳곳에 조성될 정도로 약사여래 신앙이 흥성했던 지역이었고 동화사는 바로 이 지역을 대표하는 큰 절로서 자연스럽게 약사여래 신앙의 발원지이자 총본산으로서의 역할을 담당해 왔습니다. 동화사의 이러한 전통은 현대에 이르러 1992년에 조성된 통일약사여래석조대불로 현현하였습니다. 높이 33미터, 둘레 16.5미터에 달하는 세계 최대 규모의 이 석조대불은 남북통일, 민족통일에 대한 비원(悲願)과 열망을 약사여래 신앙에 담은 결정체라 할 것입니다.

부인사(符仁寺)

　팔공산 서쪽 기슭, 동화사와 파계사 중간쯤에 위치한 부인사는 과거에는 영화로웠으나 지금은 아픈 역사를 극복하는 와중에 있는 동화사의 말사입니다. 신라 선덕여왕 때인 7세기 경에 창건되었다는 이 절은 한때 승려의 수가 2천 명에 달할 정도로 큰 절이었고 고려 현종 때 거란의 침입을 물리치기 위하여 처음 제작한 초조대장경(初彫大藏經)을 보관한 유명한 절이었습니다. 그러나

 살아있는 신화, 갓바위 부처님

부인사의 석등

몽고의 침입에 의해 대장경과 절이 함께 불타 버렸고 조선에 들어와서는 임진왜란과 병자호란, 근대 이후로는 6.25 사변 등의 병란을 겪으면서 누차 소실되었다가 겨우 중건되어 회복의 길을 걷고 있습니다.

부인사에는 선덕여왕을 모시는 숭모전(崇慕殿)이 있어 매년 음력 3월에 제사를 올리는데 여기에는 기이한 전설이 있습니다. 언젠가 절이 소실된 후 폐허 상태로 몇 년간 방치되어 있었답니다. 그랬더니 웬일인지 흉년이 거듭 들어 주민들이 고통스러워할 때 하늘에서 선덕여왕께 제사를 올리라는 큰 소리가 들려왔답니다. 주민들이 불타 버린 선덕여왕의 사당을 다시 세워 제사를 올리자 그 후로부터 농사가 순조로웠다고 합니다.(27)

유물로는 부도(대구 유형문화재 제28호), 서탑(대구 유형문화재 제17호), 석등(대구 유형문화재 제16호), 신무동 마애불좌상(대구 유형문화재 제18호) 등이 남아 있어 과거의 번영을 짐작하게 해주고 있습니다.

파계사(把溪寺)

팔공산 서쪽 기슭에 자리 잡은 파계사는 특이한 지형에서 유래한 재미있는 이름을 지니고 있습니다. 즉 이 절의 좌우로 흐르는 9개의 물줄기를 한곳으로 잡아 모았다는 뜻에서 파계사라고 했답니다. 이 이름에서는 바람과 물의 기운을 중시했던 풍수의 의미가 느껴집니다. 인접한 동화사의 말사인 파계사는 신라 애장왕(哀莊王) 5년(804), 동화사를 중창했던 심지 대사가 창건하였고 이후 조선 선조 38년(1505), 계관(戒寬) 스님이 중창하였으며 숙종 21년(1695), 현응(玄應) 스님이 삼창하여 오늘에 이르렀습니다.

파계사는 조선 왕실의 원찰(願刹)로 유명한데 여기에는 상당히 신빙성 있는 전설이 있습니다. 숙종 대왕이 어느 날 꿈을 꾸었는데 한 스님이 대궐로 들어오더랍니다. 이상하게 여긴 숙종이 남대문 밖에 스님이 있나 알아보게 했더니 정말 한 스님이 거기서 쉬고 있었는데 그가 바로 파계사의 영원(靈源) 선사이었답니다. 영원 선사는 때마침 묘향산에 갔다가 돌아오는 길이었습니다. 신기하게 생각한 숙종은 스님에게 왕자 탄생을 위한 백일기도를 드리도록 하였고 그 후 숙빈(淑嬪) 최씨가 연잉군(延仍君)을 낳았답니다. 연잉군은 후일 영조로 등극합니다. 숙종은 영원 선사의 공을 치하하여 현응이라는 호를 하사하였답니다.

그리고 파계사를 숙빈 최씨의 원찰로 삼고 인근 40리의 세금을 절에서 받도록 조치하였습니다. 그러나 영원 선사는 이를 사양하고 대신 역대 임금의 위패를 봉안할 것을 청하였는데 이것은 당시 지방 유림(儒林)의 절에 대한 행패를 막기 위해서였습니다. 후일 영조의 왕비 정성왕후(貞聖王后)도 파계사를 자신의 원찰로 삼고 영조의 도포를 하사하기도 하였는데, 이 도포는 1979년 절의 관세음보살상을 개금(改金)하다가 복장(腹藏) 유물로 발견되었습니다. 개금이란 불상의 표면에 금을 입히는 작업입니다. 아울러 영조 자신이 11세 때 이 절을 위해 쓴 자응전(慈應殿)이라는 편액도 현재 남아 있어서 전설이 과연 허구가 아니었구나 하는 생각이 들게끔 합니다.

파계사 경내로 들어서면 맨 처음 2층 누각인 진동루(鎭洞樓, 대

파계사 원통전의 영산회상도

구 문화재자료 제10호)를 만나게 됩니다. 그리고 ㅁ자로 배치된 전각들의 중심에 법당인 원통전(圓通殿, 대구 유형문화재 제7호)이 있습니다. 원통전에 들어서면 목조관음보살좌상(보물 제992호)이 주불로 봉안되어 있으며 후면에 석가모니 부처님이 영취산(靈鷲山)에서 설법하시는 광경을 그린 영산회상도(靈山會上圖, 보물 제1214호)가 걸려 있는 것을 볼 수 있습니다.

모두 국보급의 문화재입니다. 이외 에도 적묵당(寂黙堂, 대구 문화재자료 제9호), 산령각(山靈閣, 대구 문화재자료 제8호), 조선 역대 임금의 위패를 모신 기영각(祈永閣, 대구 문화재자료 제11호), 영조 대왕의 청사(靑紗) 도포(중요민속자료 제 220호) 등도 문화재로 지정되어 있어 파계사 역시 긴 역사만큼이나 많은 유물을 지니고 있음을 알 수 있습니다.

표충사(表忠祠)

동화사와 파계사의 갈림길에 위치한 지묘동(智妙洞)의 표충사는 고려 개국공신 신숭겸(申崇謙) 장군의 충절을 기리는 사당입니다. 후삼국 시대 말기에 태조 왕건은 팔공산 동수(桐藪) 지역에서 신라의 경애왕을 죽이고 회군하던 견훤의 군대와 맞붙어 큰 전투를 벌입니다. 이 싸움에서 고려군은 대패하여 왕건은 위기에 처하게 되는데 신숭겸이 왕건의 모습으로 가장하고 싸우다 전사하였습니다. 신숭겸 덕분에 포위망에서 탈출하여 목숨을 건진 왕건은 후일 그의 충혼을 위로하고 기리기 위해 그 장소에 지묘사(智妙寺)와 미리사(美理寺)라는 절을 세웠습니다. 고려의 멸망과 함께 이 절들도 없어졌으나 조선 선조 40년(1607)에 신숭겸의 위패를 봉안한 사당인 표충사가 세워져 지금까지 후손들에 의해 제사가 이어지고 있습니다. 표충사는 사찰은 아니나 팔공산 지역에서 일어난 큰 역사적 사건의 현장일 뿐만 아니라 팔공산의 명칭

지묘동의 표충사

이 왕건 휘하 8명의 장수가 동수 전투에서 전사한 데서 유래했다
는 설도 있으므로 답사해 볼 만한 유적입니다.

은해사(銀海寺)

팔공산의 남쪽과 서쪽 기슭에 동화사를 중심으로 부인사, 파계
사 등의 여러 사찰들이 웅거해 있다면 동쪽 기슭에는 은해사를
중심으로 불굴사(佛窟寺), 환성사(環城寺) 등의 여러 사찰들이 포
진해 있습니다. 다시 말해 은해사는 동화사와 더불어 팔공산 일
대 불교신앙의 양대 거점이라 할 것입니다. 아닌 게 아니라 은해

은해사는 신라 헌덕왕(憲德王) 원년(809)에 혜철국사(慧徹國師)에 의해 창건되었습니다. 창건 당시의 이름은 해안사(海眼寺)라 했고 장소도 지금과는 좀 떨어진 지역에 있었다고 합니다. 이후 고려로부터 조선에 이르기까지 홍진국사(弘眞國師)를 비롯, 여러 스님에 의해 중창되었으나 조선 인종 원년(1545)에 화재로 전소되었던 것을 명종 원년(1546)에 천교(天敎) 화상이 왕실의 지원을 받아 지금의 자리로 옮기고 절을 재건하였습니다.

이때 법당과 비석을 세워 인종의 태실(胎室)로 봉하였으며 이름을 은해사로 고쳤다고 합니다. 은해사라는 이름은 불, 보살, 나한 등이 기라성처럼 계신 이곳이 마치 은빛 바다가 춤추는 극락정토 같다고 해서, 혹은 안개와 구름 속에 잠긴 절의 경치가 은빛 바다가 물결치는 듯하다고 해서 지어진 것이라고 합니다. 현재의 전각들은 헌종 13년(1847)에 대화재를 겪은 후 헌종 15년(1849)에 중창되어 다시 지어진 것들입니다.

은해사는 무엇보다도 원효, 지눌, 일연, 홍진, 성규(聖奎), 성철(性徹) 스님 등 수많은 고승들이 거쳐 간 절로 유명하며 조선 시기 선교(禪敎) 양종의 총본산, 화엄교학(華嚴敎學)의 본산으로 불교학의 중심지였습니다. 이러한 학문적 전통은 지금도 종단 최고의 경율론(經律論) 교학 및 연구기관인 승가대학원과 《삼국유사》

은해사 보화루의 추사 필적

등을 연구하는 일연학(一然學) 연구원, 문화재를 보존, 관리하는 성보(聖寶) 박물관 등을 통해 계승되고 있습니다.

은해사의 일주문을 지나면 숲길이 이어지는데 느티나무와 참나무의 가지가 이어져 한몸이 된 이른바 '연리지(連理枝)'를 볼 수 있습니다. 연리지는 영원히 함께하는 사랑을 상징하는데 연인들은 이곳에서 사랑의 맹세를 해도 좋겠습니다. 숲길을 지나 은해교(銀海橋)를 건너기 전에 모든 사람이 말에서 내려야 한다는 '대소인하마비(大小人下馬碑)'가 있습니다. 이 하마비는 은해사가 왕실과 긴밀한 관련이 있는 절이므로 세워진 것입니다. 은해사는 인종의 태실이 있으며 영조의 〈어제수호완문(御製守護完文)〉까지 보관하고 있는 사찰이었기 때문입니다. 영조는 왕자 시절 은해사를 잘 수호하라는 글을 지어 보냈다고 합니다.

 이 글씨들은 추사의 필법이 가장 완숙한 경지에 이르렀을 때 씌어진 것으로 추정되고 있습니다.(28)

대웅전에 들어서면 한가운데 불단에 아미타불을 주불로 관음보살과 대세지보살이 곁에서 모시고 있는 것을 볼 수 있습니다. 목불인 아미타불좌상은 조선 선조 시기에 조성된 것으로 추정된다 합니다. 은해사 경내에는 이 밖에도 지장전, 단서각(單棲閣), 범종루, 성보전(聖寶殿) 등의 전각들이 있고 이들은 각기 귀중한 유물들을 소장하고 있습니다. 아미타불을 그린 괘불탱화(掛佛幀畵, 보물 제1270호)를 비롯, 청동제 북인 금고(金鼓, 경북 유형문화재 제307호), 대웅전 후

은해사의 괘불탱화

은해사 거조암의 영산전

불탱화 및 삼장탱화(三藏幀畵, 경북 유형문화재 제342호) 등이 그것입니다.

은해사는 본사 외에도 8개의 산내(山內) 암자가 있는데 이들 암자들도 각기 유구한 역사를 지니고 있으며 소중한 유물들을 보존하고 있습니다. 가령 신라 경덕왕(景德王) 때 창건된 것으로 전해지는 거조암(居祖庵)은 영험이 많은 나한 기도도량으로 유명하며 보조국사 지눌의 정혜결사(定慧結社)가 시발된 지점이기도 하였습니다. 이 절의 중심 전각인 영산전(靈山殿, 국보 제14호)은 우리나라의 몇 안 되는 고려 시대 목조건물입니다. 다시 운부암(雲浮庵)에는 조선 중종 시기에 조성된 화려한 보관을 쓴 청동보살

좌상(보물 제514호)이 전해
오고 있으며 백흥암(百興
庵)은 극락전(보물 제790
호), 극락전 수미단(須彌壇,
보물 제486호) 등과 아울러
추사가 쓴 현판과 주련을
보관하고 있는 중요한 사찰
입니다. 특히 우주의 중심

백흥암 극락전의 수미단

으로 상상되는 수미산을 조각한 불단인 수미단은 정교하고 아름
답기로 유명합니다. 그리고 산내 암자 중 가장 험준한 곳에 위치
한 중암암(中岩庵)은 김유신 장군이 수련한 곳으로 알려져 있습
니다.

불굴사(佛窟寺)

은해사에서 선본사 방향으로 가다 보면 말사인 불굴사가 있습
니다. 신라 신문왕(神文王) 10년(690)에 옥희(玉熙) 대사가 창건했
다고 전해지는 이 절은 자연 석굴 안에 불상을 모셨다고 해서 불
굴사로 불리었습니다. 이 석굴에서 원효 대사가 수도하였고 김유
신 장군이 삼국통일을 기원하였다고도 합니다.

원래 규모가 큰 절이었다고 하나 임진왜란 때 불타 버린 적이

불굴사 약사보전의 석조입불상

있으며 영조 12년(1736)에는 산사태를 만나 대부분의 전각들이 무너졌다고 합니다. 당시 송광사의 한 노승이 꿈에 계시를 받고 이곳에 와서 절을 중건하였다고 합니다. 현재 약사보전(藥師寶殿)에는 약사여래 부처님이 모셔져 있는데 특이하게도 서 계신 자세입니다. 그런데 족두리를 쓰고 계신 모습이 여성적이어서 갓을 쓰고 계신 갓바위 부처님과 부부 한 쌍 같아서 음양설에 의해 비숫한 시기에 만들어진 것으로 보는 견해도 있습니다. 이 석조입불상(경북 문화재자료 제401호)은 비가 올 것 같으면 얼굴에 땀이 나서 미리 날씨를 예견할 수 있다고 합니다. 이 절의 적멸보궁(寂滅寶宮) 안에는 부처님의 진신 사리를 모신 사리탑이 있으며 앞에는 조형미가 뛰어난 3층 석탑(보물 제429호)이 있는데 통일신라 시대에 조성된 것으로 추정되고 있습니다.

환성사(環城寺)

팔공산 동쪽 기슭, 불굴사 인근에 있는 환성사는 은해사의 말사로 산이 성처럼 절을 에워싸고 있는 모습이 둥근 고리 같다고 하여 붙여진 이름이라고 합니다. 신라 흥덕왕(興德王) 10년(835)에 심지 대사가 창건하였고 그 후 몇 차례의 중창을 거쳐 조선 고종 광무(光武) 원년(1897) 긍월(亘月) 대사가 재건한 이래 오늘에 이르고 있습니다.

환성사의 일주문은 네 개의 돌기둥으로 이루어져 웅장한 모습입니다. 일주문을 지나 용연(龍淵)이라는 연못을 거쳐 낭만적인 이름의 누각인 수월관(水月觀)에 이릅니다. 이 절의 흥망성쇠에 대해서는 재미있는 전설이 있습니다. 심지 대사가 절을 창건할 때 입구에 자라 모습의 바위가 있었는데 "이 자라바위가 있는 한 절이 쇠퇴하지 않으리라." 하고 예언을 했답니다. 그 후 절은 나

환성사의 수월관

날이 번창했습니다. 조선 시대에 어떤 주지 스님이 절에 사람들이 붐비는 것을 싫어하여 자라바위의 목 부분을 깨뜨렸더니 연못이 핏빛으로 물들었다고 합니다. 이상한 현상 때문에 오히려 사람들이 더 많이 찾아왔는데 한 떠돌이 스님이 연못을 메우면 사람들이 안 올 것이라고 일러주었답니다. 그래서 연못을 메우기 시작했더니 금송아지 한 마리가 슬피 울면서 동화사 쪽으로 날아가 버리더랍니다. 마침내 연못을 다 메우자마자 큰 불이 일어나 대웅전과 수월관만 남긴 채 절을 다 태웠다고 합니다. 이후로 절은 인적이 끊어져 몰락하게 되었답니다. 지금의 용연은 환성사가 다시 번창하기를 기원하여 새로 조성한 연못으로 보입니다.

환성사의 대웅전(보물 제562호)은 뛰어난 건축미를 자랑하는데 조선 중기에 건립된 것으로 추정된다고 합니다. 전각 안으로 들어가면 각종 신비한 동식물을 화려하게 새긴 수미단도 눈여겨볼 만합니다.

2) 갓바위 부처님 뵈러 가는 길

교통편

갓바위와 선본사는 행정구역상으로 경산시에 속해 있지만 위치상 대구광역시와 경산시의 경계에 있는 셈이기 때문에 이곳을 찾아가는 길도 크게 대구 방향과 경산 방향의 두 가지로 나눠 볼 수 있습니다. 편의상 이것을 대중교통편과 승용차편으로 나누어 안내하면 다음과 같습니다.

먼저 대중교통편입니다.

대구 방향에서 갈 경우 동대구역 인근에서 갓바위행 시내버스(401번)를 탑니다. 그리고 동화사 시설지구를 거쳐 갓바위 시설지구에 하차한 후 산길을 걸어 갓바위에 오릅니다. 이 경우 갓바위 부처님까지 산길로 50분쯤 소요됩니다. 갓바위 부처님에서 다시 맞은편 산길로 내려가면 웃절을 거쳐 본절인 선본사에 이르게 됩니다.

 동대구역 인근에서 지하철이나 시내버스(814, 818번)를 타고 일단 하양읍으로 간 다음 갓바위·선본사 가는 버스(803번)로 갈아타야 합니다. 버스를 타면 대구 방향과는 다른 동쪽의 갓바위 주차장에 이르게 되는데 바로 오른편에 선본사가 있습니다. 여기서 다시 왼편의 산길을 걸어 갓바위에 오릅니다. 이 경우 웃절을 거쳐 갓바위 부처님까지 30분쯤 소요됩니다. 노약자는 이쪽 산길이 오르기에 조금 편합니다.

 서울 쪽에서 내려왔다면 동대구 인터체인지를 나와 대구공항을 지나 갓바위 이정표를 따라 갓바위 시설지구로 가는 방법이 하나 있고 아니면 갓바위 시설지구로 향하다 은해사 방면으로 우회전하여 능성동을 거쳐 선본사 아래 주차장(동쪽의 갓바위 주차장) 쪽으로 가는 방법이 있습니다. 경산 인터체인지를 나와 하양읍에서 985번 지방도로를 타고 북쪽으로 가서 외촌초등학교를 1km쯤 지나 대구로 진입하는 왼쪽 길로 10km쯤 들어오면 선본사 아래 주차장에 이르게 됩니다.

이 외에도 전국 각 지역에서 단체로 오실 때에는 대절버스를 이용하기도 합니다.

갓바위 시설지구의 안내도

교통편에 대해서는 특히 선본사 홈페이지(www.seonbonsa.org)에서 갓바위–선본사로 오는 모든 대중교통의 노선, 운행시간은 물론 승용차로 올 때의 자세한 경로, 각 지역의 대절버스 등에 대해 친절하고 상세하게 안내하고 있으니 참고하시기 바랍니다.

편의시설

팔공산 일대는 산세가 빼어나 도립공원으로 지정되어 있으며 갓바위 부처님과 동화사 등 국민들이 많이 찾는 명소가 있는 만큼 여러 시설을 통해 방문객 및 관광객의 편의를 도모하고 있습

팔공산 케이블카

니다.

우선 갓바위 부처님과 관련하여 대구 방향 산길 아래에는 갓바위 시설지구가 들어서 있습니다. 이곳에서는 갓바위 부처님 탐방 안내도를 비롯하여 주차장, 상가, 휴게소 등이 있습니다.

경산 방향 산길 즉 선본사 아래에도 갓바위 시설지구보다는 규모가 작지만 주차장, 상점 등이 있습니다. 그리고 인근 동화사 입구에는 국민관광지가 조성되어 있을 뿐만 아니라 팔공산 케이블카가 설치되어 산 중턱까지 올라가 조망할 수 있게 되어 있습니다.

　팔공산에는 이 외에드 이미 여러 노선의 훌륭한 등산로가 개
통되어 있고 도립공원 관리사무소가 지정한 야영장이 개설되어
있으며 동화사와 부인사 중간쯤에는 자연공원도 조성되어 있어
도시인의 지친 심신을 달래 주는 역할을 하고 있습니다.

　팔공산 일대는 갓바위 부처님을 비롯한 소중한 문화유산이 산
재해 있는 곳이니 만큼 방문객을 위한 편의시설은 이러한 유산을
오롯이 감상할 수 있도록 꼭 필요한 정도에서만 소박하게 갖추어
지는 것이 옳다고 생각합니다.

부록: 갓바위 부처님께 기도드리는 법

- 편집부

갓바위 부처님이 좌정해 계신 팔공산 관봉은 기도객들 사이에서는 속칭 '기도가 잘 받는 곳'으로 유명합니다. 대한민국 최고의 기도처, 약사신앙 1번지라는 영예는 공연히 얻어진 것이 아닙니다. 그러나 아무리 그렇다 하더라도 누구나 그저 가기만 해서 소원이 이루어지는 것은 결코 아닐 것입니다. 여기에서는 먼저 약사신앙의 소의경전(所依經典)인 《약사경》에 담겨 있는 약사여래 부처님께 대한 공양 방식을 소개하고 아울러 많은 분들의 기도와 가피 체험을 종합하여 그 분들이 어떠한 마음을 가지고 어떻게 기도를 드렸기에 갓바위 부처님께서 감응하셨는지, 즉 어떠한 자세로 어떻게 기도를 드릴 때 기도가 잘 받는지, 즉 '갓바위 부처님께 기도드리는 법'에 대해서 몇 가지 의견을 제시해 보고자 합니다.

물론 "'갓바위 부처님께 기도드리는 법'이 어디 따로 정해져

삼매에 잠기신 갓바위 부처님

있느냐? 그저 정성을 다해 기도드리면 된다." 하고 이야기할 분도 있고 사실 이 말이 맞습니다. 옛날의 사례를 보면 아무 것도 배우지 못한 불학무식한 사람, 돈 한 푼 없는 가난한 사람도 마음 하나만으로 부처님을 감동시켜 가피를 얻은 경우가 많습니다. 그렇습니다. 기도에서 무엇보다도 중요한 것은 굳은 신심이지 기도드리는 방법이 아닐 것입니다. 결코 방법이 신심보다 우선일 수는 없습니다. 그러나 부처님께 매달리는 마음, 곧 신심에는 문제가 없다 하더라도 그 신심을 부처님께 어떻게 표현하느냐, 즉 어떻게 정성을 바치느냐 하는 방법에는 여러 가지가 있을 수 있습니다. 그래서 《약사경》에서는 약사여래 부처님의 공덕에 대해 설하면서 어떻게 공양을 올려야 하는지 그 방법에 대해 자세히 가르쳐 주고 있습니다.

우선 약사여래 부처님께서는 12대원을 발하실 때 중생들이 "저의 이름을 듣고 전념 수지하면" 모든 소원을 이룰 수 있다고 말씀하십니다. 그리고 석가모니 부처님께서도 중생들이 "약사유리광 여래의 명호를 듣는다면" 약사여래 부처님의 가피를 입을 수 있다고 강조하십니다. 이를 보면 '약사여래불'을 정성으로 꾸준히 염송, 곧 정근하는 일이 기본적으로 중요한 일임을 알 수 있습니다.

이어서 석가모니 부처님께서는 삼매에 드신 가운데 대다라니(大陀羅尼) 곧 진언(眞言)을 설하십니다. 그 진언은 다음과 같습니다.

나모 바가바테 바이사지아 구루 바이듀리아 프라바 라자야 타타가타야 아르하테 삼먁삼붓다야 타드야타 옴 바이사지에 바이사지에 바이사지아 삼우드가테 스바하.

갓바위 부처님 앞의 기도객들

이것이 이른바 '약사여래 대진언'입니다. 석가모니 부처님께서는 목욕재계하고 음식이나 정화수 등을 바치며 이 진언을 108번 독송하면 모든 병고가 소멸된다고 말씀하십니다. 그리고 이와 아울러 형편대로 향기로운 꽃을 바치거나, 향을 사르거나, 오색 깃발을 세우거나, 연등을 밝히거나, 악기를 연주하거나 하는 등의 다양한 공양 방법을 제시하십니다. 이렇게 정성을 다해 기도하면 모든 재난이 소멸되고 바라는 바가 다 이루어진다고 말씀하십니다.

《약사경》의 내용을 요약하면 언제 어디서든 약사여래 부처님

그러나 이는《약사경》에 실린 약사여래 부처님께 기도드리는 방법을 정리한 것이고 실제 기도객들은 자신의 지향과 신념에 따라 그 방법에 다소 차이가 있을 수 있습니다. 대개 불자들의 경우 갓바위 부처님 앞에 오면 본격적인 기도에 앞서 우리나라 불교의 기본 경전인《천수경(千手經)》을 독송하는데 이 책은 기도하는 마음 자세를 바로잡고 주로 관세음보살의 자비에 의지하여 발원하는 내용으로 이루어져 있습니다. 불자들은《천수경》을 읽은 후 '약사여래불' 혹은 '약사여래 대진언'을 염송하면서 108배를 하고 소원을 비는데, 이때 초를 켜거나, 향을 사르거나, 쌀과 사탕 등을 바치거나 하는 등의 공양을 올리기도 합니다. 아울러 별도로 헌금을 하기도 합니다.

밤새워 기도하는 사람들

지 못했다면 형편대로 헌금을 하여 정성을 표시해도 좋을 것입니다. 또한 갓바위 부처님을 모시는 사찰인 선본사에서는 무병장수, 학업성취, 사업번창, 승진, 영가천도(靈駕遷度) 등 기도객들의 소원에 따라 여러 종류의 기도 의식을 마련해 놓고 있으니 이러한 의식들 중의 하나를 택하면서 개인적인 기도를 드리는 것도 좋은 방법이라 할 것입니다.

불자들은 갓바위 부처님 기도뿐만 아니라 자신들의 평소 지향이나 특별한 소망에 따라 관음보살, 산신령, 칠성, 용왕 등이 계시는 다른 전각에 가서 치성을 드리기도 합니다. 모든 기도는 정성이기 때문에 경내에 계신 어떤 신불께 기도를 바쳐도 궁극적으로는 부처님의 자비와 도리에 모두 하나로 돌아간다고 볼 수 있습니다. 요컨대 정성이 중요하다 할 것입니다.

위에서 제시한 기도법과 더불어 앞 절의 체험 사례에서 보았듯이 10년, 20년, 수십 년 동안 개인과 가족을 위해 간절한 마음으로 갓바위 부처님께 소원을 빌고 많은 가피를 입었던 분들의 기도하는 자세와 방법은 똑같은 마음과 입장에서 갓바위를 찾는 사람들에게 큰 참고가 되고 도움을 줄 수 있을 것입니다. 무엇보다도 이 분들의 기도법은 실제 체험에서 우러난 것이기 때문에 소중합니다. 갓바위 부처님께 대한 기도를 통해 가피를 입었던 분들의 체험 사례를 분석해 보면 난치병이나 중병 등의 질병 치유, 자식들의 대학 입학, 각종 시험 합격 등의 학업 성취, 사업 번창 등의 소원을 이룩한 경우가 가장 많았음을 알 수 있습니다. 사실 이러한 소원들은 한국 사회의 서민 중생들이 가장 갈구하는 것들이 아닐 수 없습니다. 물론 이외에도 다양한 소원들을 갓바위 부처님은 들어주셨습니다.

그런데 이 분들이 가피를 얻는 데에는 앞서의 기도법 이외에도 나름대로의 몇 가지 다른 자세와 방법이 있어서 더욱 효과적이었음을 알 수 있습니다. 그 내용을 정리해 보면 다음과 같습니다.

첫째, 기도를 드리러 가기 전에 일정한 기간 동안 정결한 몸과

 항상 깨끗한 심신을 지니면 좋겠으나 속세의 욕망과 번뇌에 사로잡힌 우리 중생들은 실상 그러하기 힘듭니다. 갓바위 부처님을 뵙기 전 일주일 아니면 단 사흘이라도 생활을 정갈하게 하여 겸허하고 신실한 마음으로 기도를 드린다면 더욱 그 정성이 부처님께 닿을 것입니다. 막중한 목표를 세워 백일기도에 정진하는 분들은 말할 나위가 없겠습니다.

둘째, 갓바위 부처님을 가급적 자주 찾아뵙고 집중적으로 기도를 드릴 경우 가피의 체험을 보다 확실하고 빠르게 입을 수 있었답니다. 사실 갓바위 부처님이 계신 곳은 높은 산 정상으로서 인근 대구나 경산 지역에 사는 분들도 마음을 내야 갈 수 있는 곳인데 하물며 멀리 서울이나 전라도 같은 곳에서 가려던 교통이나 시간 여건 등이 쉽지 않습니다. 그런데도 소원을 이루려는 일념으로 어려운 길을 자주 가 기도를 드린다면 그 정성이 가상하여 갓바위 부처님께서 빠르게 가피를 내려주시는 것이 아닌가 합니다. 실제로 중병에 걸린 분들이 아예 갓바위 근처에 숙소를 정하고 매일 올라가 기도를 드린 결과 완쾌해서 하산했다는 보고가 있습니다.

셋째, 산에 올라가 기도를 드릴 때 갓바위 부처님의 불신(佛身)과 연결된 바위 표면에 몸을 밀착하여 부처님과 일체감을 느끼기도 합니다. 원래 팔공산은 고대부터 명산으로 관봉 정상의 암석

바위에 몸을 대는 기도객들

군은 강력한 지기(地氣)가 응축된 곳입니다. 부처님께 대한 도타운 신심을 통하여 팔공산의 큰 기운을 받아들임으로써 매사에 더욱 힘을 발휘할 수도 있을 것입니다. 암벽의 우묵한 곳에다 몸에 지녔던 동전을 붙여 놓는 행위는 떨어지지 않는 동전에 소원성취를 거는 의미도 있지만, 동전을 매개로 바위, 나아가 부처님과 하나가 되고자 하는 뜻도 담겨 있습니다. 실제로 몸이 불편한 분들이 바위에 몸을 댄 후 증세가 가벼워졌다는 보고가 있습니다.

마지막으로, '약사여래불' 정근과 '약사여래 대진언' 염송, 경문 독송 이외에 발원문을 따로 지어서 봉독하기도 합니다. 이러한 일은 우리가 마음속으로 기도하는 내용을 글로 표현하는 것으로 마치 제사나 의식에서 제문이나 축문을 읽어 바치는 것과 같은 효과를 지닙니다. 발원문을 봉독하는 것은 진지하고 엄숙하게 안팎으로 자신의 다짐과 소원을 선포함으로써 굳건한 신심을 더욱 부처님께 드러내는 일입니다. 그리고 원래 글자로 씌어 있는 것은 부적과 같은 신비한 작용을 하는 것으로 믿어지기도 하였으니 자신이 정성들여 쓴 발원문은 훨씬 더 힘이 있을 것으로 생각됩니다. 최근 갓바위 부처님을 위한 범종 제작 불사에 참여하였고 그와 동시에 아들의 대학입시를 치렀던 한서대 도학회 교수는 두 가지 큰 일을 모두 성공적으로 이루어냈는데 이 분이 썼던 발원문을 참고로 제시하고자 합니다.

선본사 갓바위 약사여래 연화범종 착공 발원문

　삼가 부처님께 귀의합니다.
　지금까지 지은 죄업을 참회합니다.

　부처님의 인연법으로
　저희 도학회, 전병식은
　이곳 팔공산에 약사여래부처님의 범음을 중생들에게 들려주는
　성스러운 임무를 부여받아 수행하게 되었음을 고합니다.

지옥까지 울리는 범종의 소리는

모든 중생을 부처님의 세상으로 인도하는 중요한

길잡이입니다.

화엄을 담은 아름다운 형상과 향기로운 소리를 품은 범종은

부처님의 가르침을 널리 전하고 중생의 번뇌를 치유합니다.

과거 우리 조상님들은 세계에서 가장 아름다운 범종소리를

창조해 내었으나

일제 시대를 거치면서 전통은 상실되었고,

오늘날 만들어지는 많은 범종에는 몽매한 중생의 과욕이

화엄의 세계를 가립니다.

삼가 약사여래 부처님께 귀의합니다.

지금까지 지은 죄업을 참회합니다.

저희 두 사람은 부처님 세계를 드러내고, 조상의 우수한

기술을 부활시키고,

새로운 형상으로 새 시대를 창조하라는 극히 막중하고

영광된 명을 받들어

선본사 갓바위 약사여래 연화범종의 작업을 시작합니다.

범종을 잘 만들 수 있도록 지혜를 주시고, 업장 허물을 만들지 않게 하시고,

신체 건강하게 무사히 종을 완성할 수 있게 보살펴 주소서.

청룡의 우렁찬 소리

가루다의 용감한 소리

가릉빈가의 아름다운 천상소리

범종 소리를 듣는 모든 중생의 업장이 소멸되고

연화화생 윤회를 상승시키는 범음을 만들 수 있도록 원력을 베풀어 주소서.

나무 약사여래불 나무 약사여래불 나무 십이상원 약사여래불

불기 2556년 7월 4일

도학회, 전병식 합장

죄업을 참회하는 겸허한 마음, 역사적 의미를 지니는 갓바위 범종 제작에 대한 비장한 결의, 작업의 성공을 비는 간절한 기원 등 경건하면서도 절절한 심정이 묻어나는 글입니다. 아마 갓바위 부처님은 이 발원문을 들으시고 "이 사람들 소원 안 들어주면 나

뿐 부처님(?) 소리 듣겠다." 하고 생각하셨을지도 모릅니다. 그만큼 목소리가 크지 않으면서도 마음을 울리는 힘이 있습니다. 바로 진정성이 담긴 글이 갖는 힘입니다.

입시기도 발원문

만월세계에 단정히 앉으시어 미혹한 중생들을 교화하시옵고, 열두 가지 큰 자비를 항상 행하시어 만 중생을 두루 구제하여 해탈케 하시는 갓바위 약사여래 부처님이시여, 저희들의 간절한 소원 멀리서 감응하시어 자비로써 섭수하소서.

갓바위 약사여래 부처님이시여!

오늘 대학입시 시험에 임하는 사랑하는 ○○○ 불자는 부처님의 위없이 높은 위신력을 믿사오니, 노력하고 애쓴 만큼 보람을 얻을 수 있도록 보살펴 주옵소서. 또한 보살의 구도정신을 본받아 신명을 다하여 학업에 열중할 수 있도록 지혜와 용기를 주시옵고, 부처님의 자비의 품에 안겨 실력이 날로 향상되어 소망하는 대학에 입학할 수 있도록 가피를 내려 주옵소서.

갓바위 약사여래 부처님이시여!

간절히 원하옵나니, 끝없는 옛적부터 삼업이 청정하지 못하여 지어온 모든 죄업을 참회하오니 다시는 악업을 짓지 않게 하시고 청정한 삶을 살 수 있도록 인도하여 주옵소서.

갓바위 약사여래 부처님이시여!

시험에 임하는 사랑하는 ○○○ 불자에게 문수보살의 밝은 지혜와 보현보살의 크신 행원과 관음보살의 한없는 대자대비심을 갖게 하여 몸에는 일체 병고가 사라지고 신체가 강건하며, 마음은 밝고 총명한 눈을 뜨게 하시어 나아가 널리 모든 사람의 참 빛이 되게 하소서.

약사여래 부처님 전에 간절히 기도 올립니다.

나무 약사여래불

나무 약사여래불

나무 십이상원 약사여래불

정말 수험생과 학부형들이 간절히 소망하는 내용을 담았습니다. 그리고 소원성취에만 그치지 않고 궁극적으로 부처님의 도리를 실천하는 사람이 되도록 기원하고 있으니 완벽을 기한 기도문이라 할 것입니다. 학부형들은 이 기도문에 의지하거나 혹은 이 위에 자신의 특별한 사정을 감안하여 적절히 내용을 보완해서 기도를 올려도 되겠습니다.

위에서 잠깐 언급했듯이 선본사에서는 불자들의 다양한 소망 실현을 위해 여러 기도 의식을 마련하고 있습니다. 매년 정해진 불교 절일(節日) 행사와 사찰 고유의 행사 이외에도 매달 정기적으로 산신기도, 칠성기도, 용왕기도, 영가기도, 철야정진기도 등을 시행하여 불자들의 기도를 도와주고 있습니다. 갓바위 부처님은 특히 시험에 영험을 보이신다는 믿음이 있느니 만큼 수험생들을 위한 수능기도, 교사임용기도 등도 마련되어 있습니다. 각자의 소망과 형편에 따라 절에서 행하는 기도 의식에 참여하면 좋을 것입니다. 이에 관한 자세한 내용은 선본사 홈페이지(www.seonbonsa.org)에 들어가 참조하면 되겠습니다.

지금까지 우리는 《약사경》을 중심으로 갓바위 부처님께 기도드리는 법을 살펴보았고 다시 성공적인 기도 체험을 한 분들의 사례를 분석하여 효과적인 기도 자세와 방법에 대해 알아보았습니다. 그러나 명심해야 할 것은 이 모든 훌륭한 기도법들보다 가장 확실히 부처님의 마음을 움직일 수 있는 것은 굳건한 신심과 그것에 상응하는 헌신적인 정성뿐이라는 사실입니다. 나아가 가피를 입어 기뻐함에 그치지 않고 부처님의 무량한 자비에 감사를 드리면서 그 가르침을 안고 부지런히 정진하여 스스로 깨달음의 경지에 이르도록 해야 할 것입니다. 부처님의 가피는 중생을 긍휼히 여기시는 자비심의 발로이지만 결국 몽매한 우리들을 깨달음의 길로 인도하기 위한 방편임을 잊지 말아야 합니다.

후주(後註)

1. 《산해경(山海經)》〈해내경(海內經)〉: "有國名曰, 朝鮮. 天毒其人, 水居, 偎人愛之."

2. 전통적인 산악신앙과 불교신앙의 결합에 대해서는 김춘실, 〈팔공산 관봉 석조여래좌상의 양식 특징과 조성 배경〉《팔공산 선본사》(선본사·불교문화재연구소, 2013), pp. 34~36 참조.

3. 《화성지(花城誌)》〈승지(勝地)〉: "冠巖石佛, 在縣北三十里, 八公山來脈日出峯上. 新羅善德女王時所立, 載石冠如人立. 高近十丈, 體大數十圍. 世稱冠巖彌勒, 至今祈雨禱福, 輒有驗."

4. 정재서,《이야기 동양신화》(서울: 김영사, 2012), pp.67, 71~72 참조.

5. 공재성 연출, 〈팔공산 갓바위-갓바위 약사여래불의 비밀(제2부)〉(대구 MBC 창사 46주년 기념 2부작, 2009년 9월 4일 방영)에서 관봉의 성혈을 다루었다.

6. 이하의 내용은 현장(玄奘) 한역(漢譯),《약사경 사경》(서울: 운주사, 2009), 석법성(釋法性) 국역 참조.

7. 일연(一然),《삼국유사(三國遺事)》, 제5권, 〈밀본최사(密本摧邪)〉. 번역은 일연 지음,《삼국유사》(서울: 을유문화사, 2003), 김원중 옮김, pp.499~500 참조.

8. 위의 책, pp. 500~502 참조.

9. 사찰문화연구원,《갓바위 부처님-선본사 사지(寺誌)》(서울: 사찰문화연구원, 1996), pp. 40~43 참조.

10. 선묵 혜자,《마음으로 찾아가는 108 산사》(서울: 화남, 2010), pp. 306~307 참조.

11. 정영호(鄭永鎬), 〈팔공산정(八公山頂)의 석불(石佛) 양구(兩軀)〉《고고미술》(1961), 제2권 제3호, p.86 참조.

12. 석불의 왼손에 약합(藥盒)이 올려져 있느냐 없느냐의 문제로 종래 논란이 있어왔으나 최근 3D스캔을 통하여 약합이 존재하지 않는 것으로 확인되었다. 약합의 존재 여부는 약사여래 불상을 판별하는 기준이 되나 더 중요한 것은 대중들이 그 시대에 진정 열망하고 신앙하는 대상으로서 석불에 누구를 투영했느냐, 일 것이다. 이러한 의미에서 약합의 존재 여부와 관계없이 갓바위 부처님은 대중의 고난을 해결해 주시는 자비로운 약사여래불인 것이다. 이상 갓바위 부처님의 불교미술적 의미에 대해서는 사찰문화연구원,《갓바위 부처님-선본사 사지(寺誌)》(서울: 사찰문화연구원, 1996), pp. 79~82, 김춘실,〈팔공산 관봉 석조

여래좌상의 양식 특징과 조성 배경〉《팔공산 선본사》(선본사·불교문화재연구소, 2013), pp. 23~26, 한국문화유산답사회,《팔공산 자락》(서울: 돌베개, 2009), pp. 185~188 등 참조.

13. 〈선본사사적기(禪本寺事蹟記)〉: "觀, 感興起, 祈祝, 獲應者多矣."

14. 위의 자료: "不唯僧徒之瞻樣發心, 且愚夫愚婦能發深信."

15. 〈불교신문 특별기획: 한 가지 소원은 꼭 들어주시는 선본사 갓바위 부처님〉(2013년 10월 12일), 3면. 프로야구 삼성 라이온즈의 에이스 배영수, 여자 양궁 올림픽 금메달리스트 이은경 선수 등의 가피 사례도 소개하고 있다.

16. 남북조시대 송(宋)의 유의경(劉義慶, 403-444)이 부처님의 영험과 이적을 널리 알리기 위해 쓴 지괴(志怪) 소설.

17. 유의경(劉義慶),『선험기(宣驗記)』(서울: 지식을 만드는 지식, 2013), 김장환 역주, p.59.

18. 유의경(劉義慶), 위의 책, p.62.

19. 범종 불사의 과정과 소감에 대한 자세한 내용은 도학회,《갓바위, 종을 만나다》(서울: First 경일, 2013) 참조.

20. 정재서,《한국도교의 기원과 역사》(서울: 이화여대 출판부, 2006), pp. 41, 64~65, 132~134 참조.

21. 신용철, 〈팔공산 선본사 석조 문화재에 대한 고찰〉《팔공산 선본사》(선본사· 불교문화재연구소, 2013), pp. 43~45 참조.

22. 신용철, 위의 논문, p. 45 참조.

23. 사찰문화연구원,《갓바위 부처님-선본사 사지(寺誌)》(서울: 사찰문화연구원, 1996), pp. 68~69 참조.

24. 위의 책, pp. 82~85 참조.

25. 신용철, 〈팔공산 선본사 석조 문화재에 대한 고찰〉《팔공산 선본사》(선본사·불교문화재연구소, 2013), p. 46 참조.

26. 일연(一然),《삼국유사(三國遺事)》, 제4권, 〈심지계조(心地繼祖)〉. 번역은 일연 지음,《삼국유사》(서울: 을유문화사, 2003), 김원중 옮김, pp. 488 참조.

27. 정우락,《문화공간 팔공산과 대구》(서울: 글누림, 2009), pp. 123~124 참조.

28. 한국문화유산답사회,《팔공산 자락》(서울: 돌베개, 2009), pp. 191~192 참조.